明日《あす》を思いわずらうな

マタタ神父が教える いま幸せになる方法

ムケンゲシャイ・マタタ

GENTOSHA

まえがき

ムケンゲシャイ・マタタといいます。アフリカ中央部にあるコンゴ民主共和国出身、カトリックの宣教師です。28年間、日本の教会や大学で働き、現在、マサチューセッツ州のボストンカレッジで、日本の新宗教の研究をしています。ボストンは、30校以上の大学が集まる大学都市です。ハーバード大学の近くにあり、そこでも授業を受けています。

なぜ日本の新宗教を研究しているかというと、28年間日本に住み、日本の人たちに出会い、関わり、育てていただいて、日本人の暮らしの中に根付いている深い宗教心にふれたからなのです。

また現代日本人の宗教心に新宗教が生き生きとした形で現れ、それがどう理解されるかを研究したいと考えたからです。

ボストンでの毎日は、教授から与えられるテーマをこなすために、課題の本を読み、レポートを書くことで明け暮れています。

何十年ぶりかに学生に戻ったわけですが、ときどきすごく寂しくなります。ここには、アカデミックな落ち着いた空気はあるが、人間が生きている熱いエネルギーが感じられないと思ってしまうんです。

そんなとき、思い出すのが、日本で関わった友人たちのこと、その人たちと語ったキリスト教の神様のことです。その人たちの肉声が疲れた私の心にふとよみがえってきます。

特に印象的だったのは、毎日がとても不安で、生きている希望がないという50代の女性との会話です。仮に、真理子さんとしましょう。彼女は、3年前に母親を看取り、現在は高齢の父親の世話をしながら、小さな薬局を営んでおり、とても忙しい人です。

真理子さんは、元々神経質で心配性なため、なんでも深刻に考えてしまう人。夜ベッドに入って、あれこれ考えると、悪い方に悪い方に想像がふくらんで、眠れなくなるといいます。自分の体調もすっきりしないし、高齢のお父さんの体調も日替わりで変化します。今日、元気で散歩に行ったかと思えば、次の日は食欲がなく、顔色もすぐれません。

あるとき、お父さんが転んで足首を痛めて、車椅子の生活になってしまい、彼女のストレスはピークに達しました。彼女にはお兄さんとお姉さんがいるのですが、お父さんの世話は彼女にまかせっきりです。「もう耐えられません。こんなに大変なのに、誰もわかってくれないんです」「これ以上何かが起こったら、私は壊れてしまいます。もう生きていく力も自信もありません。これからいいことなんて、一つもないだろうから」と私に訴えるのです。

私はそのような悩みごとの相談を、今までたくさん聞いてきました。悩みの内容はそれぞれ違っても、共通していることは、自分は今ひとりぼっちで、暗闇の中、自分の人生と格闘しているという感覚です。

一人で生きていて、貧しくて、友人、知人がいなければ、そう思ってもしかたがないのですが、この相談者のように、仕事も家族もあり、生活できるだけの経済力があっても、すごく追い詰められていて、生きる喜びを感じることができません。そして、彼女がはっきりと、私にこう言うのです。「いいですね、マタタさんはいつもニコニコ、ノー天気にしていられて」と。

そう言われると、「私だって、いろいろあるよ。苦労も大変なことも」と反論したくなりますが、よく考えると、実はおっしゃる通り、生きていることが楽しいし、幸せなんです。いろいろあっても、もうダメと思うことがあっても、どうにかなるさと、心のどこかで感じているから元気になるのです。

真理子さんに、「どうにかなるから、大丈夫だよ」と言ったら、「マタタさんは神様を信じているから、神様が助けてくれるけど、私はキリスト教徒ではないから、神様は、助けてくれない」と真顔で言い返すわけです。

私、笑っちゃったよ。冗談じゃない。だって神様はキリスト教徒だけの神様じゃないよ。人類みんなの神、この宇宙で命があるすべてのものが神様のだよ。もちろんあなたのことも、神様は知っているよ。あなたが苦労していることも、全部わかっている。わかっているけど、あなたがその苦労を受け止めて、乗り越えられるから、見守っているんだよ。成長してほしいから、いろいろな試練を与えていると思うなと、彼女に言いました。

真理子さんは「そういう説教話、大嫌いです。成長なんかしたくないから、試練はいりません」と言いました。だけど、ぼそっとつぶやいた。「誰かが私のことを本当にわかって、見ていてくれているのだとしたら、すごく心強いし、とてもうれしい。もう少し歩いていけそう」と。

私はそれを聞いて、うれしくなり、調子に乗って、ついつい語ってしまったよ。

「神様は、あなたがその存在に気がつこうが、つくまいが、関係なく、必ず、いつも、あなたを幸せに導いてくれるよ」と。そして「今、あなたの目の前に現れる人、もの、出来事は神様からの電話ですよ」と説明したんです。

「えっ！　神様からの電話？」と驚きながら、「神様って、雲の上の天国にいらっしゃるでしょうね？　そこから、スマホでかけてくるんですか？　嘘っぽいでしょう！　怪しい怪しい！」と、言いながらも、真理子さんは、私の話に耳を傾けてくれました。

神様からの電話って、みなさん、嘘っぽいと思いますか？

明日《あす》を思いわずらうな　マタタ神父が教える　いま幸せになる方法／もくじ

II しんどいときほどおまかせする

III 助けると助けられるよ

V

人のためこそ自分のため

※聖書本文の引用は『聖書　新共同訳』（日本聖書協会）を用いています。

I

神様からの
電話に
気づいてますか

あらゆる出会いは神様からの伝言

あなたは、神様から電話もらったことありますか？

私なんか、もう毎日ですよ。嬉しい電話も楽しい電話も、また時には着信拒否したいような、困ったものも。だけど、たまにシーンとして静かなときもありますが、そんなとき、あ、どうしたのかな、神様になんかあったのかな、熱でも出して寝込んでるんじゃないかなと人間の分際で、神様の身を案じてしまいます。

神様は私だけではなく、みなさんにも、毎日電話かけていると思いますよ。

突然、神様なんていって、戸惑いを感じる人もいるかもしれないから、もう一度自己紹介しますよ。

ムケンゲシャイ・マタタといいます。アフリカのコンゴ民主共和国から福音の喜びを紹介するために世界に出かける宣教師です。

淳心会という男子修道会の司祭です。司祭というのは、カトリック教会の神父、仏教でいうお坊さんです。神道で言えば神主さんのようなものです。

1989年に2人のコンゴ人神学生と一緒に、大阪近郊の富田林《とんだばやし》というところの教会にやってきました。カトリック金剛教会という名前の教会です。アジアにおいて、シンガポールの次に住んだのは日本で、一番長く住んだ外国です。2~3年かと思っていたが、なんと28年間にもなってしまいました。今はアメリカ東部のボストンで研究をしています。勉強を終えたらまた、日本に戻るつもりです。日本は私の第二のふるさとですから。

28年前の大阪近郊の町のことを思い起こせば、近所の人たちにとって、私たちは初めて見たアフリカ人だったのでしょう。みんながとっても優しく、親切に、そして興味津々に迎えてくれた。私たち3人は神様からの贈り物だと谷口さんに言われ、教会内の様々な問題を解決するきっかけともなりました。

当時の日本の社会は安全で、家の鍵をかける必要もなく、いつも教会の玄関は開けっ放しでした。だから、誰でも気楽に出入りできました。教会の信者の人たちだけではなく、近所の人たちも、ふらっとやってきて、食べ物を置いていってくれたり、困っていることはないかと心配をしたりしてくれました。

その頃、日本語はまったくできなかったので、どうやってコミュニケーションをとっていたのか、今でも不思議です。多分、お互いににこっと笑い合って、心を通わせていたのでしょう。

初めて覚えた日本語の漢字は、「クロ」です。教会の近くに百貨店があり、そこへ、仲間と3人で自転車で走っていると、中学生の集団が、クロ、クロ、クロと叫びながらついてくるんですね。

こちらが気がついて、「ヘイ!」と笑いかけると、「わーっ」と大声で笑いながら、逃げちゃう、そして、遠くで、「クロ、クロ」とまた叫んでいる。

来日したばかりの頃は、日本語があまりできなかったので、クロ、って一体何の意味だろうと、家に帰り、信者の人に聞いたら、気まずそうに、「ごめんな。あの子たち、悪気があったわけやないんよ。ただ、アフリカの人を見たのは初めてやったから、ついつい肌の色のことを言っちゃったんよ。堪忍《かんにん》な」と。

ああ、そういうことか、クロは肌の色が黒いことだったのか、と、理解したのです。クロはブラック。とてもおもしろい体験だったので、頭の中にスーッと入ってきて忘れません。そのとき初めて、「黒」という漢字も教えてもらいました。だから、私が日本に来て、初めて覚えた漢字は「黒」です。

それからは街でその中学生たちに会うと、こちらから覚え立ての片言の日本語で声をかけました。

「ヘイ！　クロやで。フレンド、フレンド、カモン！」

こう言って、笑いながら追いかけたら、子供たちもキャーキャーおもしろがって逃げる。まるで追いかけっこだよ。

そのうち、その子たちが教会に遊びに来るようになり、一緒にご飯食べたり、銭湯に行ったりして、すっかり仲間になりました。

クロと言われて、差別だと言って怒る人もいるかもしれない。もっと教育的な立場から、悪い言葉を使うと人を傷つけるからやめなさいと諭すべきだという意見もあるだろうけど、あのとき、私たちは3人ともおもしろがっていましたね。おもしろいと思うと、全然頭にこない。おもしろがると楽しいから仲間になる。これは神様からの電話なんです。

神様、残念ながら、体持っていないから、人間を使って、コミュニケーションをとるんです。時には、私の場合のように強烈なこと、やってくれるけど、これ、神様の常套手段《じょうとう》！　何か、一つの出来事を通して、人と人を結びつけるの。

聖書の中では、神様が直接、人間に話しかけて、ああせい、こうせい、こうした方がいいよ、と指示しているけれど、今は99％人間と人間との関係の中で神様の思いを表していると思うよ。

弟子たちがイエスのところに来て、「いったいだれが、天の国でいちばん偉いのでしょうか」と言った。そこで、イエスは一人の子供を呼び寄せ、彼らの中に立たせて、言われた。
「はっきり言っておく。心を入れ替えて子供のようにならなければ、決して天の国に入ることはできない。自分を低くして、この子供のようになる人が、天の国でいちばん偉いのだ」

マタイによる福音書
18章 1〜4節

周りの人はみな神様のお使い

私はまず目の前に現れた人が神様のお使いだと考えるんです。私が元気でエネルギー満杯のときは、神様は、悩んで、弱く、辛い状況の人としてやってきます。それで、助けを求めたり、話を聞いてください、などと言うのです。

逆に、こちらがどうしようもなく困っているときなんか、頼もしい助っ人として現れてくれるよ。大阪で、右も左もわからない、日本語もわからないときに、クロ！　クロ！　と追いかけてきた中学生たちは、神様が遣わしてくれたいたずら好きの天使たちだったと今でも思い出します。

誰でも、近寄って来る人はみんな神様だと言って、いい顔してると、すごい悪人だったりするから、神父さん、気をつけてくださいよ、と言われたこともあります。

友人から聞いたことがあります。こちらが心をオープンにして、相手のことを好きだよ、受け入れるよと思って接すると、200人中199人は必ず愛を返してくれると。でも、1人くらいの割合で、人の善意や愛を逆手にとって、それを利用して悪巧《わるだく》みをする人がいる、それを見極めるのが直感であり、叡智《えいち》だと。

確かにそうかもしれないけれど、私は宣教師だから、お金も家族も財産もないから、たとえ騙されたって、何も取っていくものはありません。まあ、命を取られると、ちょっと困るけれど、そのときは神様がどうにかしてくれると信じているから、全然怖くないね。

ときどき神様は、すごく乱暴なことをすることがあるよ。友人から聞いた話。その男性は、10年くらい前に2階のベランダに上るはしごから落ちて、首を痛めてずっと首が回らなかったそうです。

疲れてくると、痛くて頭がぼーっとしてくることもあったんだって。そのときも大きな交差点で、信号が変わったのにも気がつかず、ずっと立っていたら、後ろの人から突然、ドーンと押されたので、びっくりして転んでしばらく立てないくらいショックがあったそうです。

その男の人の後ろ姿を目で追いながら、文句を言わなければ、怪我《けが》してたら、治療費もらわなくちゃ……と思ったけれど、体が動かない。どんどん歩いていってしまう。それで、力を振り絞って、ふらふらと立ち上がった途端、不思議！　あんなに回らなかった首がくるっと、痛みなく回ったそうです。

これはなんだ？　その人はわけがわからないまま、お医者さんに行ってこの出来事を話しました。レントゲンを撮って、それを見たお医者さんはこう説明したそうです。今まで右にずれていた首の骨が、ぶつかった衝撃で元に戻り、痛みがなくなったのだと。

その人はそれ以来、首が痛くなることもなく、快適に生活しています。そのとき、思ったそうです。

「ぼくを押し倒したおじさんは、きっと神様だった」と。今でもそう信じているようです。

神がお造りになったものはすべて良いものであり、
感謝して受けるならば、何一つ捨てるものはないからです。

テモテへの手紙 一
4章 4節

人の本質は神様の目を通すとわかる

ときどき考えることがあります。世界を見るとき、私たち人間は、実はいろいろなめがねをかけて見ているんじゃないかなと。

よく「人を色めがねで見る」というでしょう。それ、自分は正しく見ていると思っていても、本当はたくさんのめがねをとっかえひっかえ、かけ直して見ているんじゃないかなと。

そのめがねは、これまでに自分が生きてきたプロセスで、身につけてきた先入観や思い込みや偏見だったりする。

私はご覧の通りの外見だから、「アフリカの黒い人」というめがねでまず見られます。

事実、おもしろい経験をたくさんしてるよ。

司祭や牧師などには、ローマンカラーという、神父、修道士の制服のようなものがあるんだけれども、私はそれがあまり好きじゃないから、普通は儀式以外のときに着ていないんです。

20年前、いつもと同じラフな格好で銀行のATMのところに入っていったら、男性の行員が店の中から、「お客様、当行に口座をおもちでしょうか」と、聞かれたんです。まあ、世界中が物騒な時代なので、彷徨《さまよ》う外国人が入ってきたら、警戒するのも無理はない、しょうがないなと、寂しい気持ちになった。同時に同朋国日本の都市で、どのように見られているかも実感しました。ローマンカラーでも着用してきたらよかったのに。

それでもなお、ローマンカラーは必要なとき以外にしない理由はおわかりになったと思います。どうしてかというと、あれをつけていると、至る所で尊敬されてしまうからです。特別な扱いをされてしまうんです。共産主義国以外ではウェルカム。

ちなみにコンゴの空港で、こんなことがありました。後輩の神父さんと2人で飛行機に乗るときのことです。後輩は、いつも出かけるとき司祭服をきちんと着ているので、この日もローマンカラーをつけてきました。

するとと、空港の人がやってきて、彼をＶＩＰの通路に案内するんです。先輩である私は、空港の雑踏の中においてきぼり。もみくちゃになって、汗だくになって、飛行機内のシートにたどり着くと、彼はなぜか空席のあったワンランク上のシートに座っている。それでも、私はギュウギュウ詰めの狭いシートで満足でした。うらやましいとも思わない。

この世で神様が私たちに命じたミッション、使命は、弱い人とともに、弱い人を守って生きなさいという言葉を守り、日々実行に努めることです。

ローマンカラーをつけることで、特別待遇されるのなら、つけない方がいいと思っている。神父は、本当は人を守る立場なので苦しい場所に置かれている人にも手を差し伸べなければならない。逆に神父がみなに守られてしまうと、そういう務めができなくなる。これはおかしいと思うのです。

だから、ミサを捧げるとき以外、ほとんどローマンカラーはつけないんです。

最近アメリカでおもしろいことを聞かせてもらいました。友人の神父さんから、「神父さん、空港でローマンカラーはつけないでね。ネクタイだけにしてね」と言われたんです。アメリカでは普段、聖職者がミサを捧げるとき以外にも公式にローマンカラーを着用しています。

アメリカの空港の税関の人は、ローマンカラーをつけている人を見ると、ときどき偽者だと思って、厳重に所持品を調べるそうです。

なぜなら以前、ローマンカラーをつけていたり、シスターの格好をしている偽者が麻薬を運んだり持ち込んだりしたことがあったからです。だからアメリカの警備が何かを疑うらしいんです。

アメリカの聖職者や修道者は、ほとんどラフで行動しやすい格好をしているからね。

何年も前、麻薬の運び屋だった偽修道女が逮捕された事件があったそうです。それは飛行機内で客室乗務員が発見したそうです。どうしてわかったかというと、その理由が本当におもしろいです。

「普通、聖職者や修道者はすごく忙しい毎日なので、飛行機に乗って食事が終わると、すぐバタンキューで、寝てしまいます。その人は、シスターのユニフォームを着て、熱心にロザリオの祈りをしていました。食事を出してもほとんど口にしないで、お祈りしている。これは怪しい、と目をつけていたんです」

人が外見で判断するのは仕方がない。だけど、神様の目を借りてその目で見ることができたら、きっとわかると思う。では、神様の目を借りるにはどうしたらいいのだろうか。

神に祈り、頼ることによって自分の本当の気持ちをよく理解することになる。そうすると、自分の目の前の人の本当の心が見えてくるんです。

不思議なことに、前に自分が考えていたより、ずっといい人がそこにいることに気がつきます。

お金とは喜び合えないよ

「人は何のために生きているのか？」

　この言葉、大切ですね。誰でも一度は、こんな問いかけを自分自身でしています。私も立ち止まって考えます。

　あーあ、つまらないなあ。マンネリだな。こんなことをやってて、何の意味があるんだろう。

　日々のルーティーン・ワークに飽きてくると、人間は「何のために生きているのか？」と考えてしまいます。

　この問いに明確に答えてくれたのが、哲学者の岩田靖夫先生の言葉です。

　東日本大震災のこれまでに体験したことのない自然災害を目の当たりにして、日本中が、世界中が言葉を失い、自分を失って立ちすくんでいたときです。

岩田先生は言いました。

「人は何のために生きているのか。人は愛するために、愛されるために、人を助けるために、助けられるために生まれてきた」と。

それなんだと思うんです。そこに生きる喜びがあると思うんです。

若者たち、私の所に来て、よくこう言います。

「神父さん、お金があったら、いろいろ楽しいことできるよ」と。

そういう若者の気持ちはわかりますよ。私も、修道院に入る前（神父になる前）にコンゴでビジネスしていたから、お金儲けの楽しさは十分知っています。

淳心会という、私の所属している修道会は入会する前に、実社会で仕事をして、社会人として働くよさ、喜び、辛さ、苦しさ、そして歓びを味わわなければならないきまりなんです。

世間を知らずに修道院という特殊な世界に入ると、偏った人間になってしまいがちですからね。すごくストイックになったり、理想的になったり、またその逆で、世間に対する幻想が捨てられずに、世の中には楽しいこと、おもしろいことがたくさんあるのに、なんで自分はそれを放棄して、神に仕える道を選んでしまったんだろう……という後悔がいつまでも残ることもあります。特に女性に対する執着が強くなる場合もあります。

まあ、そういうことを懸念して、修道院に入る前に、しっかり世間というものを見、体験し、そのよさも、はかなさもみんな経験してからいらっしゃいというのが修道院長の考え方でした。

それで私は、自分の卒業した淳心会のミッションスクールの中学校と高校で、フランス語と哲学を教えながら、20代の頃商売をしたんです。

商売をするのなら、絶対食べ物ビジネスがいいと考えてね、コンゴの人、お魚が好きなので、魚関係の商売をしようと。といっても、一応、学校の教師ですから、商売を専業にはできないわけですよ。1週間で、休みは木曜日1日だけなんだから。

そこで、友人がやっていた漁業に出資したんです。友人がコンゴ川の上流で釣った魚を大量に買い、それをチャーターした貨物列車で、私のいる町へと送ってもらう。私は2人の姉と一緒に、町で荷物を受け取り、値段をつけて、市場のおばさんたちに渡すというビジネスでした。いわば、仲買いですね。

そうしたらすごく儲かったんです。儲けて儲けて、面白いくらい、お金が入って、そのうちに魚だけでなく、豚も鳥も扱うようになり、なんとなく総合食品商社みたいになっていったの。

家も建て、親からも独立して、一人前のビジネスマンとして脂がのりきっている頃、私の気持ちの中で、今、修道院に入ろうという思いが強くなったの。それでみんなに、「修道院に行く」と言ったら、大騒ぎですよ。

学生時代から、修道院に行きたいという希望をもっていることは、周囲の人たちは知っていたけれど、あれだけ一生懸命商売していて、人がうらやむほど儲かっているんだから、そのままずっとビジネスの世界にいるのかと思っていたみたい。

みんなのリアクションがおもしろかった。

「今さら、何言ってるの?」

「お金はどうするの?」

それで、私は「お金はいらない」と言ったんです。

お金があれば何でもできる。楽しいことも、自分のやりたいことも全てできる。人を動かすこともできる。それほど、お金にはエネルギーがあることもわかりました。事実お金があると、おおぜいの人がよってきます。食べたり飲んだり、おごったりしていたから、女性もたくさんやってきます。

お金が人を集めてくれる。確かに一般の20代の若者が出会えないような、年配の政治家や実業家とも知り合いになれる。

それはお金の力です。その人たちからいろんなことを教えてもらったよ。

その人たちから教わったことは、人生の本質というもの、つまり、人生は普通の人が考えるほど、シンプルで甘くないということ。政治家の言っていることは、鵜呑《うの》みにしてはいけないということ。

それと、この世界を動かしているのは、目に見える国のトップリーダーとは限らない。別の国の大統領かもしれないし、また、思いもよらない人たちの意図かもしれない。そのように単なる現象面で判断するのではなく、その奥の事情も理解できるようになったんです。

成功したいなら人を信じること

お金の悪い面は、人を傲慢にすることです。お金があるから周りに集まった人は耳を傾けてくれる。なんでもかんでも言える。自分の意見がすぐ通る。それに従う人たちが多く集まる。何でもできるような気がする。恐れがなくなり、自分があたかも神のように万能な人間だと思い始める。

それがお金の悪いところです。いろいろな人がお金の力だけで集まってくるから、知らないうちに変なことに巻き込まれて、いろんな事件を起こす羽目に陥ることもある。

お金を稼ぎながらお金の魔力に気がついていたから、お金に対する執着は全くなかった。だからすぐ、「ビジネスやめます」と言えたんです。少しでも執着があったら、やめられない。10万円あったら、それを20万円にしよう、50万、

100万にしようと、もっともっと……と数を増やして、追求するようになり、お金を持っていると人間はお金のことばかり考えて生きていくようになる。お金を作りたいから仕事をする。あればあるほど追いかける。利益を追い求めることに全生涯をかけてしまう。

その世界に足を踏み入れて、私も正直いって、それを追求しかけたことがあります。もっともっと、利益を追求して、巨富を手に入れると、何か違う光景が見えるのではないかと。

カール・ブッセという詩人の有名な詩がありますね。

山のあなたの空遠く　「幸《さいはひ》」住むと人のいふ。
噫《ああ》、われひとゝ尋《と》めゆきて、涙さしぐみ、かへりきぬ。
［上田敏訳「山のあなた」（『海潮音』所収）］

遠いところに何かあるというので、私も行ってみましたよ。でも行ってみたら、何でもなかった。

そのときつくづく思ったよ。こんな長い旅をして、あ〜あ、何のためにここまでやってきたのかと。

お金はいくらあっても、人を幸せにしてくれない。人が幸せになるのは、人との関わりの中だけ。好きな人たちだけではない。苦手だなと思う人でも、その人に関わっていく。その中のいろいろなやりとりが実に面白いし、大きな感動をもたらしてくれる。それが幸せではないか。そういう強い確信を持つに至ったのです。

ビジネスをしていて、もうひとつわかったことは、お金を信じるより人を信じた方が成功するということです。人間同士の信頼があれば、お互い支え合ってうまくやっていけるんです。ところが人とお金とでは絆が結べない。信頼関係ができないのです。

私はお金を信じないです。お金を信じるより、人間を信じた方がいいんです。

ビジネスを人に任せて、私は修道院に入りました。

そうしたら、不思議なことが起こったんです。あんなにたくさん、山ほどあったお金があっという間に溶けていったんです。お金が溶ける……おかしな表現だと思うでしょうが、私の実感としては、雪が太陽によって溶けて水となり、水が蒸発して跡形もなくなるように、みんななくなってしまった。

持っていた物、家以外、すべてなくなっていくのよ。あれは悔しかったし、悲しかったし、よくよく考えるとおかしかった。

仕事のパートナーの友達にもお金は盗まれる。貸してあげたお金は「もう修道院に入ったんだから、神父にはお金いらないじゃないか。もうお金返さなくてもいいや」と踏み倒される。

最初はショックだったけれど、よく考えると、私はお金よりももっと素晴らしいことのために修道院に入ったんだから、私に必要のない物だったんだ。だから、お金の方から姿を消してくれたんだということがわかった。すべてをなくして、すっきりして、神父の道を歩み出すことができたんです。

この聖書のことばは、私の背中を押してくれました。

わたしたちは、何も持たずに世に生まれ、世を去るときは何も持って行くことができないからです。

食べる物と着る物があれば、わたしたちはそれで満足すべきです。

金持ちになろうとする者は、誘惑、罠、無分別で有害なさまざまの欲望に陥ります。

金銭の欲は、すべての悪の根です。

テモテへの手紙 一
6章 7〜10節

あなたにだけの招きがある

日本に来てからよく質問されたことです。「マタタさん、どうして神父になったの？」と。そのとき私は、「自分でもよくわからない」と答えていました。

先輩の神父の影響は確かにあるのだけれども、その神父さんの姿を通して神様やイエス様の呼びかけを感じたからでしょう、きっと。それで神様からぐっと押しつけられたという感じを持ったんだろうと思う。

カトリック教会で神父になるということは、一生独身であること、質素な生活をすること、目上の人に素直に従うことという3つの誓いをします。そうして、イエス・キリストの弟子となって働くのです。具体的な仕事は、ミサを毎日行うことです。ミサとは、キリストの最後の晩餐から十字架上の死、そして復活を記念して行い、日々の信仰の恵みをいただくとても大切な儀式で、それを司式するのが、神父の仕事です。

他に、1日5回、早朝、朝、昼、夕方、就寝前に決められたお祈りをします。洗礼を望む人にキリスト教の勉強を教え、洗礼を授けます。また結婚式、葬式の司式をします。

このように、24時間、人生のすべてを神に捧げ、イエス・キリストの弟子として生きていく生き方です。

一般的に見たら、かなりアブノーマルな生き方だと思います。なかなか理解しにくい人生でしょう。だから、熱心なクリスチャンの私の母でさえ、自分の息子がいざ修道院に入ると決めたときはすごく反対した。

修道院に入ると言ったとき、お母さんは怒ったよ。そのあと、泣いて泣いて、止めようとした。だけど、私の気持ちは変わらなかった。これが神からの招き、もしくは神のご計画というものだと思います。

こういうことは、私にだけ、司祭、修道者にだけ起こっているのではなく、すべての人に、日常生活の中で起こっていると思う。もちろんあなたにも、毎日起こっているはずです。

日本の人は神様や仏様から、招かれている、呼ばれているというと、もうすぐ死んじゃうんじゃないかと、不吉な感じを抱くといいますが、キリスト教の場合は違うね。

キリスト教では、神様がいつも私たち人間と一緒にいてくださり、いろいろな場面で、いろいろな方法でコンタクトをとってくれると信じているから、神に呼ばれているといっても、それは死を意味するわけではないんです。安心してください。

そのときは気がつかなくても、なんとなく、何かに惹かれてある方向に歩いていったら、自分の人生を決定する人物に出会ったとか、また、仕事に出会ったとか。

それをイエス様の招き、神様の選びと考えるかどうかは、その人の信じてきた宗教、文化によるのだから、あまり重要じゃないと、私は思う。大切なのは、今もいつも語りかけている神様の声、神様と思わなくてもいいけれど、その自分を超えた存在からの呼びかけに耳をかたむけることではないかな。それをキャッチするセンサーを磨いていることではないかな。

聖書で書かれているのは、キリストの弟子の聖パウロのケース。パウロは裕福なユダヤ教徒の家の子供で、イエスの教えを信奉する人たちを激しく迫害する側の急先鋒だったけれど、その途中で、突然、どうして私を迫害するのか、というイエスの声を聞いて、目が見えなくなるという体験をしたんです。その後、回心して、目が見えるようになると、イエスの教えを情熱をもって伝え、初期キリスト教会の基礎を作りました。

教会では、よくニュースレターに、どうして司祭になったのかというインタビューが載りますが、みんな、それぞれ、ドラマがあって興味深い。

ある高齢の日本人の神父さんの場合は、戦時中は軍人で、戦後は生活のために銀座のデパートで靴磨きの仕事をしていました。そして、同じデパートの貴金属売り場の会計の仕事をしている、きれいな女性のことが気になり、よく見ていたそうです。きっと、その女性のこと、好きになったんじゃないかな。あるとき、その女性が食堂で弁当を食べる前に、十字を切っていた。どうして、そんなことをするのだろうか、と思い切って声をかけて聞いてみたところ、カトリックの集まりに連れて行ってくれました。そこで、すばらしい司祭との出会いがあり、洗礼、そして司祭への道を歩むようになったそうです。
神様はその神父さんを自分のところに招くために、きれいな女性に手伝ってもらったのかな?

神はすべてを時宜にかなうように造り、
また、永遠を思う心を人に与えられる。

コヘレトの言葉
3章 11節

私の心のふるさと、大阪・金剛教会

「そもそもマタタさんは、なんで日本に来たの？」と聞かれて、私は30年前のことを思い出しました。

私はコンゴでキリスト教の神父となり、ミサという礼拝を司る司祭となり、福音の喜びを多くの人に伝える宣教師となって日本にやってきました。

淳心会というのは、ローマ・カトリック教会の中にある、多くの修道会の一つで、1862年にベルギーで創設された宣教を目的とする国際的な修道会です。

カトリックの修道会というと、日本では、イエズス会が有名ですね。今のローマ教皇もイエズス会の出身だし、フランシスコ会もイタリアのアッシジの聖フランチェスコが創った会として有名です。

淳心会は、マリアの汚れなき御心に捧げられた会で、創立当初は、ベルギー、中国、コンゴ、フィリピン、インドネシアなどで主に宣教活動（布教）のために教育にも力を入れて活動していました。

私も淳心会で教育を受け、司祭になり、海外で福音のセールスマンとして宣教を始めることになりました。

淳心会は、自分が行きたいところを自分で選べるんです。第1希望から第3希望まで出させてくれるんです。そこが会社と違うところ。会社は会社の人事の都合で、あそこに行け、こっちに行けと人を飛ばすけれど、私は同じ時期に修道院に入ったレミとフィリと3人で相談して、「そうだ、日本に行こう！」という希望を院長を通してローマ本部へ提出しました。

というのは、当時のコンゴでは、車、テレビ、ウォークマンなどなど、日本製の物はいっぱいあるけれど、肝心の日本人はいなかった。それで3人で生の日本人に会いに行こうと思ったんです。

日本という国名は知っていたし、『将軍』という映画を見ていたから、ある程度日本人に対するイメージは持っていました。女性は着物を着て、おしとやか。男性は袴《はかま》をはいて、無口で威張《いば》っている。

そのイメージは、日本に来てすぐ破られたね。それも最初に行ったところが大阪だったから。人の好い世話好きでやかましい大阪のおばちゃんと、少し控えめなおっちゃん。

まず日本語学校に入ったのですが、ここの担任の先生がすばらしかった。私たち3人に対して幼稚園の子供のように手取り足取り教えてくれた。私たち3人は、ふるさとコンゴでは一応、大学を2つも出たインテリとして振る舞ってきたけれど、いきなり幼稚園児のように、生活すべてを面倒みてくれた。最初はびっくりしたけれど、これが本当によかったのです。何でもかんでも面倒みてくれたから、日本語を一つもわからなくても、心配なくすんなり社会に溶け込めました。

それと、日本の生活に慣れていくために、学校が里親制度を作ってくれたんです。日本でのお父さん、お母さん、今でも本当の家族のようにつきあっています。何かあるとすぐ東京に飛んできてくれます。

これまでしていた仕事をやめるというと、病気なのか何か事件を起こしたんじゃないかと心配してね。日本に来て30年近くなるけれど、彼らにとって、いつまでたっても、私はコンゴから来て、西も東もわからない日本語も理解できない子供なんですね。このお父さん、お母さんの存在は、私の日本での活動の精神的支えでした。

前にも言ったように、レミ、フィル、マタタの3人で司祭になりました。それまでに、1985年にカメルーンに行き、神学をはじめアフリカ大陸や文化の勉強をし、次に1988年にシンガポールに行って、英語の勉強をしました。そして、マレーシア、台湾、フィリピン、香港と見て回り、日本に着いたのは、1989年3月。灼熱の大陸から南回りで1年かけて廻ってきたので、3月の大阪はそれはそれは寒かった。もう凍え死ぬかと思った。でも、夏も辛かったよ。というのは、コンゴから来たから暑さには強いだろうと思われて、私たちの住むところにはエアコンがなかったんだよ。

確かにコンゴは暑い国だけど、日本ほど蒸し暑くはない。木陰に入れば風が通って、天然の扇風機ですよ。でも金剛教会の人たちは、信者さんも町の人も「あいうえお」もわからない私たちをとてもおもしろがって受け入れてくれた。そればかりか地域に溶け込むために安田まりさんを中心に遠足や奈良の大仏、京都などの日本の伝統文化を紹介してくれたことがいまだに鮮やかに思い出されます。

金剛教会のある大阪の富田林は、今でも私の心のふるさとです。それは町のみなさんが私たちコンゴから来た3人組に場所を与えてくれたからです。そこで失敗しても泣いても、笑っても、何をしても許される場所をくださったからです。

心を騒がせるな。
神を信じなさい。
そして、わたしをも信じなさい。
わたしの父の家には
住む所がたくさんある。
もしなければ、
あなたがたのために場所を用意しに行くと言ったであろうか。

ヨハネによる福音書
14章 1〜2節

肌の色も違う私たちが共に生きるとは

一番驚いたのは、来日3日目に、淳心会の先輩神父に刺身を食べさせられたことです。刺身にシソとわさびをたくさんつけて食べてください、これが正式の食べ方ですよと教わって。先輩の言うことだから、素直にハイと言って口に入れたら、口の中が火事のようになり、鼻はつーんとして、涙が出てきて……もう心臓がバクバク。ワーッと大声を出してしまったよ。それを先輩の神父はにやにや笑って見ているのよ。これ、いじめでしょう。

そのときはもう刺身は二度と食べたくないと思ったけれど、いつの間にか大好物になったよ。不思議なものだね。

次の〝洗礼〟は銭湯。教会で信者さんたちが私たち3人の歓迎会をしてくれたんです。そのあと、隣にある銭湯に行こうと。教会の隣に本物の温泉の出る銭湯があって、みんな、何かというとよく行ってたみたいなんです。

それで、オンセン、オンセンとみんなに連れて行かれて、わけわからずに入ると、みな裸じゃない！　本当にカルチャーショックを受けたね。だってコンゴではシャワーですから。それにシャワーを浴びるとき、コンゴの人、パンツ穿いているよ。真っ裸にはならないよ。それに、みんなと一緒に浴びるなんてことしないよ。だけど、銭湯は違うでしょう。みんなは一緒に靴を脱いで、裸になって、バスタブに入る前に、体を洗って入る。

だけど、アフリカ3人組はもじもじして、どうしても服が脱げない。シャツ脱ぐ。ズボン脱いで、もううろうろして、どうしてもパンツが脱げない。またもじもじです。3人の中で、レミが一番勇気があった。うろうろしないで、潔く服を脱いで、さっさと洗い場に入っていったわけ。決断力があったね。一番ダメだったのは私。最後の最後までうじうじしてたよ。40℃のお湯も火傷《やけど》をしないかと思って。

3番目の〝洗礼〟は、神社の初詣。教会の近くに住んでいた小谷みどりさんと由香さんという姉妹と友達になり、2人が初詣に連れて行ってくれたんです。

小谷姉妹とどうして仲良くなったかというと、最初に声をかけてくれたのは、彼女たちのお父さん。お父さんは大学の英語の先生で、若い頃、アメリカに留学していました。私は教会から自転車に乗って、彼女の家の前を通って学校に通っていました。ある日、知らないおじさんが追いかけてきて、英語で話しかけてきたんです。その人が小谷先生、みどりさんのお父さん。小谷先生は毎週、私が家の前を通るのを楽しみにしていて、奥さんの良子さんに「アフリカからの人なのか、アメリカからなのかがわからない、とにかく英語で話しかけてみよう」と言っていた。

それで知り合いになってからは良子さんに家に招かれて、みんなの誕生日会などのご馳走してくれるうちに、みどりさん、由香さん姉妹と仲良くなったんです。小谷一家と知り合わなかったら、日本の宗教に興味をもつこともなかったよ。

小谷みどりさんは、今は死生学、生活設計論の第一人者で、テレビ、雑誌で活躍しているけれど、その頃は奈良女子大の大学生でした。すごく頭のいい勉強熱心な人で私たちはすぐに仲良くなり、私は彼女を「私の妹」と言っています。初詣で体験した感覚はまさに異文化との精神的な出会い。そのとき神社のお社を囲む鎮守の森の清らかな空気がとても感動的だったね。コンゴの森の深い、濃密な生命力とは違ったすがすがしい命の息吹が印象的だった。

日本で受けた3つの〝洗礼〟は本当におもしろかった。すべてが初めてですべてが新鮮だったから、とても楽しかった。

コンゴでは一族の絆の中で、血脈を中心に大家族を作ってきたけれど、大阪、富田林で学んだことは、血のつながりのない、肌の色も違う他人同士が本当の兄弟姉妹のように仲良く生きていく喜びです。これこそが神様が人間に命じた共同体なんだと思う。

大阪でいきなり銭湯に連れて行かれて、裸にされて、自分のすべてをさらすことになってはじめて、自分の殻《から》を破ることができたと思っています。

見よ、
兄弟が共に座っている。
なんという恵み、
なんという喜び。

詩編
133章 1節

キリスト教って よくわかりませんか？

ときどき日本の友人から言われることがあるんです。「どうもキリスト教って、よくわからないんですよね」と。ここでキリスト教の説明をさせてもらいます。

キリスト教とは、すごく簡単に言うと、天にはこの宇宙と大地を創造した神がおられて、その方を父と呼び、その父がこの世界に送り込んだイエスという息子を救い主と信じる人間たちの集まりです。

だから、キリスト教徒が一番大切にするのは聖書（神の言葉）、聖霊（風、神の息吹）、死者の復活、洗礼（全身を水に沈めるあるいは頭に水を注がれるという儀式）、十字架（神の愛と救いのシンボル）、聖餐式―ミサ（主の食卓を囲む儀式）、罪のゆるし、お祈りです。

お祈りの中に、「天におられるわたしたちの父よ」という呼びかけから始まる「主の祈り」は、教派を超えてキリスト教の共通のものとして見なされています。

私は、神様はお父さん、イエス・キリストはお兄さんだと思っています。

では、なぜ、人々は「イエス・キリスト」というかということですが、ある人が私に聞いてきました。

「神父さん、イエスというのが名前で、キリストというのが姓なのですか?」

イエスというのは本名。ヘブライ語の「ヨシュア」から取り入れた名前であり、「ヤハウェ(神)は救い」という意味で、ユダヤ人の間ではごく一般的な人名であった。キリストというのは、油を注がれたもの、救い主を意味する言葉です。だから、イエス・キリストというと、「救い主であるイエスさん」という意味なんです。

救い主イエスは、今から2000年ほど前、イスラエルの小さな町、ナザレというところで、紀元前4~5年に生まれ、ヨセフとマリアの子として育ちますが、紀元30年頃に没。

その生誕について、聖書ではいくつかのエピソードを紹介しています。

まず、マリアは大工ヨセフの婚約者でしたが、純潔なおとめでした。そこに神からのお使いの大天使ガブリエルが現れ、「あなたは聖霊によって男の子を身ごもるでしょう。その子をイエスと名付けなさい。その子は偉大な人となり、いと高き方の子と呼ばれるでしょう」と告げた。一方、神のお使いは婚約者ヨセフの夢にも現れて「あなたの婚約者マリアは、身ごもっているが、これは聖霊によるものである。その胎内の子は、自分の民を罪から救うお方だ。恐れずにマリアを家に迎え入れなさい」と言うんです。

婚約者が自分の子供ではない子を身ごも

っていることに、人知れず悩み、離縁をしようと考えていたヨセフは、神の使いのお告げを信じ、マリアと結婚し、マリアの胎内の子の父として生きる決心をしたのです。

マリアが処女で身ごもったことから、処女懐胎といわれ、カトリック教会では、諸聖人たちの中でもっともイエスに近い人として、古くからキリスト信者の間で敬愛される対象となっています。

その頃、イスラエルを支配していたローマ帝国から、全世界の人々に、自分の生誕地に帰って戸籍に登録せよという命令が出たため、人々はそれぞれ自分の生まれ故郷に移動しました。

臨月のマリアを連れて、ヨセフもナザレから自分の本籍地のベツレヘムに行きました。帝国内は、まるで民族大移動状態で、宿という宿は全部満杯です。ヨセフとマリアもやっと借りられた家畜小屋に身を寄せているとき、マリアが産気づき、男の子を産んだのです。

これが2000年たった今も、全世界で祝われているクリスマスの光景ですね。

子供の頃のイエスについての記述は、新約聖書といわれる、マタイ、マルコ、ルカ、ヨハネの4つの福音書にはほとんどありません。

マリアとヨセフは、ガリラヤ湖の近くのナザレという村でユダヤ教の慣習に従って、イエスを育てました。唯一、12歳のときのイエス少年のエピソードが紹介されているけれど、これはイエスが母であるマリアに口答えするシーンなんです。

ユダヤ教では、毎年過越《すぎこし》の祭りのときにエルサレムの神殿にお参りに行く習わしがあり、イエスたちは親戚、知人とグループを作って行ったそうです。

そのとき、イエスが突然姿を消してしまったんです。両親は迷子になったイエスを半狂乱になって探しました。探すこと3日間。やっと見つけたイエスは、神殿の境内で学者たちと何やら議論をしていました。

マリアとヨセフは、そんなイエスを見てほっと安心すると同時に、心配した分、怒りがこみ上げてきたと思うよ。

「どうしてこんなことをするの。お父さんと私がどんなに心配したかわからないの」

それに対してのイエスの返事がすごい。ただ者じゃないね。イエスは自分を叱っている母、マリアに対してこう言います。

「お母さん。どうして、私を探すのですか。私は自分の父の家にずっといたんですよ。これは当たり前のことではないですか？」

マリアはちんぷんかんぷんだったと思う。父の家は、ナザレの大工のヨセフの家ですよね。なのに、この子は、妄想癖があるかもしれない……とマリアは心配したのではないか。聖書にも「両親にはイエスの言葉の意味が分からなかった」（ルカによる福音書　2章50節）と書いてあるから。

これがイエスの少年時代の数少ないエピソードです。

イエスが創始者とされる理由

子育て中のお母さんが聖書を読んでいてこう感じたそうです。「マリア様も子育てには、苦労したのね」と。

私もそう思うよ。出生のときの奇跡的な出来事はあっても、普通の子供として育てているうちに、この子が特別な子だということを、忘れてしまうこともあったのではないかと思う。だけど、ときどき大胆な行動をとる我が子に、マリア様はとまどいを覚えることもあったのでは、と考えられますよ。

当時のユダヤの民は、いつか神が遣わすと約束された救い主の到来を今か今かと待ちわびて暮らしていました。だから、人並み以上の力のある預言者や霊能者が現れると、その人のもとに集まるという傾向がありました。当時、ユダヤ人社会で話題になっていたのが、「悔い改めよ」と叫んで人々に洗礼を施していた洗礼者ヨハネという人物でした。

人々はこぞって、この洗礼者ヨハネという人から、罪のゆるしを得るための洗礼を受けていました。イエスもみなに倣ってヨハネから洗礼を受けました。洗礼を受けたとき、天が開け、神の霊である聖霊が鳩の形で下ってきて、こう言ったと聖書には書いてあります。「あなたはわたしの愛する子、わたしの心に適う者」と。

そしてイエスは、聖霊の導きによって、

これまでの生活を一変させます。聖霊に導かれて、荒れ野で40日間、悪魔からの誘惑を受けます。

これは、イエスが神の子としての活動を始めるための、過酷な試練だと思う。悪魔から受けた誘惑は、とても大変なものよ。

まず断食中のイエスに「神の子なら、この石をパンに変えてみろ」と言ったり、また、全世界の国々をパノラマのようにイエスの目の前に表して、「私を拝むなら、この世界すべてをあなたに支配させてあげよう」と言います。さらに、エルサレム神殿の屋上に立たせ、「もしあなたが神の子なら、ここから身を投げなさい、なぜなら（略）『神はあなたのために御使《みつか》いたちに命じ、あなたを守らせる』と書いてある」と。

このような誘惑をすべて退けた後、イエスはますます強く聖霊の力に満たされて、神の国のことを大衆に話し始めるのでした。ここからイエスの神の子としての仕事が始まるわけです。

それからの約3年間、人々の間に入っていって、神様の名のもとに、病人を癒し、悪魔を追い払い、神の国の福音を宣《の》べ伝えて歩きました。12人の弟子（使徒）を選び、彼らとともに神のよき知らせ、神様がいつも一緒にいることを告げ知らせていったのです。イエスの宣べる教えがこれまでの既成勢力、特権階級の人々には厳しく、貧しい病気の人たち、虐げられた人たちを励まし、勇気づけるものだったので、ユダヤ人社会の権力者側からにらまれ、その怒りはイエスを殺そうというまでになったのです。

そしてついには、十字架にかけられて、殺されてしまったのです。そのとき、逮捕の手引きをしたのは、弟子の一人、ユダでした。このことから、ユダは裏切り者の代名詞になったんです。

イエスは十字架上の死を迎えた後、あらかじめ用意してあった墓に納められますが、それをガリラヤからイエスについてきた女性たちが見守っていました。

そして3日目、女性たちがイエスの死体に香料を塗ろうと思って墓に行くと、墓は空っぽで、中にまばゆい衣を着た青年がいて、途方にくれる彼女たちにこう言ったのです。「イエスはここにおられません。復活されたのです」。それまで、男の弟子たちはイエスと一緒に逮捕されるのを恐れて、逃げていましたが、このことを女性たちから聞くと、恐る恐る外に出てきて、再び集い始めます。イエスは復活されてから、40日間、弟子たちと一緒にいて、彼らを力づけ、指導し、自分が天に戻ってからは、聖霊を送るから、聖霊の導きのもとで今まで私がやってきたように、神の福音を全世界に伝え知らせて歩きなさいと命じたのです。

弟子の中のペトロとパウロを中心にできたのが、キリスト教です。イエスがキリスト教という宗教団体を作ったと言われているのは、まずイエスご自身がペテロを教会の頭としたと説かれるからです。

イエスはユダヤ教の家に生まれ、当時、ユダヤ教の伝統の中で育ちました。その中で、人々に先祖の言い伝えを教え、人間を忘れがちとなったので本来の神の教えからずれてしまっている。それを指摘し、改めようという改革をしたのでした。

だが、彼は死の直前の最後の晩餐のとき、弟子と共に食事をしているときにパンと葡萄酒をとって、「これをわたしの記念として行いなさい」と命じたことと、また復活したイエスは弟子に現れ「行ってすべての国の人々を弟子にしなさい。父と子と聖霊の名において洗礼を授け、わたしがあなたがたに命じたことを、すべて守るように教えなさい。わたしは世の終わりまで、いつもあなた方とともにいる」などの箇所の説明（解釈）からイエス・キリストがキリスト教の創始者だと、信者が告白しているのです。

II

しんどいときほど
おまかせする

「おかげさま」で生きると楽しいよ

日本に来た頃、よく「おかげさまで」という言葉を耳にしました。この頃は、あまり聞かなくなりました。

日本で30年近く働いていて実感することは、日本の社会がある時点で大きく変わってきてしまったということです。

私が来た当時の日本は、その頃すでに高度経済成長を経験して、とても豊かな社会になっていたけれども、それでも精神の中に一本太い幹みたいなものがありました。

それは、人間は社会でどうすれば幸せに生きられるかということを社会全体が暗黙のうちに理解していました。

岩田先生の言葉を借りると、「人は愛するために、愛されるために、人を助

 けるために、助けられるために生まれてきた」。そこに喜びがあると。

こういうことを、日本人誰もが知っていました。学者や哲学者じゃない、普通に生活する人たちがよくわかっていたのです。彼らが毎日の生活の中でよく口にするのが「おかげさまで」という言葉です。

おかげさまで。この言葉、みんな当たり前に使っていました。

「お元気ですか」と聞かれると、

「はい、おかげさまで」と答える。

このおかげさまって、誰なの？

目の前にいる自分の家族、友人、知人だけでなく、名前も知らない、会ったこともない誰かであったり、太陽、月、山、海といった大自然であったり、自分が今現在生きていることを支えてくれるすべてのものを含んだ何かですよね。

目には見えないけれど、私たちの生命をはぐくんでくれる大きな存在をおかげさまといって、畏怖し、感謝している。それは、神や仏だけではなく、亡くなった親や兄弟、友人など、この世を去った人たちの魂だったりします。

仏教や神道を信仰する人たちは、仏や八百万《やおよろず》の神のご加護に感謝しそれぞれ信仰する対象の神様に感謝の気持ちを持っていました。

私、日本に来て、日本語の勉強を2年間大阪でしたあと、東京の上智大学に入って、神道とキリスト教を比較研究しました。大学院の頃、浄土真宗《じょうどしんしゅう》の開祖である親鸞聖人《しんらんしょうにん》の思想にふれて、ずいぶんのめり込んで研究しました。今でも親鸞は大好きです。

そのとき、多くの浄土真宗の信者さんに出会ったけど、感動したのは、日常生活でよく南無阿弥陀仏《あみだ》、ナムアミダブツと唱えることですね。

たとえば、「今日はいいお天気ですね」と声をかけると、「そうだね、ナンマイダ、ナムアミダブツ」と手を合わせる。最初は何のことだかわからなかったけど、よく聞いていると「南無阿弥陀仏」と言っている。

一緒に私を連れて歩いてくれた人が説明してくれました。古いお年寄りのご門徒さんは、「ありがとう」と言う代わりに、ナンマイダ、ナンマイダと阿弥陀様に感謝するというんです。

いいことがあったときは、ありがとうのナムアミダブツ。そしてとても、辛いときでも、それは目に見えない阿弥陀様の采配だから、必ずこの苦労は終わる。だけど現在は辛いから、助けてくださいのナムアミダブツ。

こういうことなんだそうです。そこで出てくる言葉がナンマイダ・ナンマイダ。こういう気持ちがおかげさまで……という考えになっていったんだと思う。目に見えない神仏のおはからいによって、私たちのこの世の生が成り立っている。こういう考えは、キリスト教も仏教も神道も同じです。

キリスト教徒も「アーメン」とよく言うでしょう。南米のサッカー選手たちは、試合の前に十字を切って、アーメンと唱えて、この試合すべても神様にゆだね、全力でプレイができるように祈る。これもすばらしい、おかげさまの考え方。リオデジャネイロ・オリンピックでも、キリスト教国の選手たちが試合の前に必ず十字を切っている姿を見かけましたね。

また、キリスト教徒はびっくりしたとき、悲しみのどん底に陥ったときなど、ネガティブな感情を表すとき、ついつい口に出るのは、「Oh, my God」。

これもある種、おかげさまに助けを求める魂の叫びと私は思う。

おかげさまで……の考え方の中には、神仏だけでなく、他人や自然や森羅万象、すべてのものに対する感謝の気持ちが込められています。

私たちは誰でも、一人では生きていけないよ。必ず誰かのおかげさまで生きているんだから。たとえば、お米。これもお米を作る人がいて、一生懸命作ってくれたから、それを食べて生きていける。

たとえば、洋服。ユニクロのシャツだって、アジアのどこかの工場で一生懸命ミシンをかけている人の働きがあって、できたもの。私のまわりにあるもの、みんな他の人の作ったものです。

そのことに気がつき、この一枚のシャツを作ってくれたたくさんの手に「おかげさまで」と手を合わせる感謝の気持ちをもてば、それを使うことで、私たちも喜びを感じる心がわき出るんです。

人を信じることによって、人を助けることによって、人に助けられることによって、本当に生きる喜びがわいてくる。生きる実感がますます強くなる。そういうふうに感じるんですよ。イエス様は聖書の中ではっきり言っています。人間の生きる実感は喜びだと。

無慈悲、憤り、怒り、わめき、そしりなどすべてを、
一切の悪意と一緒に捨てなさい。
互いに親切にし、憐れみの心で接し、
神がキリストによって
あなたがたを赦してくださったように、
赦し合いなさい。

エフェソの信徒への手紙
4章 31～32節

思い悩まなくても助けはくる

これ本当よ。私、お財布の中身、カラカラ。だけど、どうしても10万円必要。そんなとき、神様に頼むね。

「神様、私が必要なものはあなたがすべて用意してくださいます」と。

本当に必要ならば、2〜3日のうちにお金が回ってくる。こういう体験をした神父さんたちは大勢いると思います。

私の尊敬する、パリ外国宣教会のコンスタン・ルイ神父さん。この人は本当に困っている人、辛い思いをしている人、弱い人に一生寄り添った人です。彼の所に行くといつも忙しいのに、おいしいクレープを作ってくれました。

私の友人が話してくれたルイ神父さんの、すてきなエピソードです。

ルイ神父さんがいた教会に車椅子の女性がやってきた。このとき、教会のトイレが車椅子用でなかったから、この人は長い時間教会にいられなかった。そのことを知ったルイ神父さん、教会の役員にトイレを改修して車椅子でも入れるようにしてくださいと頼んだ。

その費用は２００万円。教会も経済的に苦しかったから、みんなたった一人の人のために２００万円出費するのは、むずかしいと反対した。この意見ももっともです。

神父さん、「では、私が自分で払います」と威勢よく言った。けれど、お財布は空っぽ。でも、神様がお望みなら、必ずできると信じて、朝夕祈っていたそうです。

すると、１週間もしないうちに、その話を聞きつけたある女性が教会にやってきて、「これ、主人が私に遺してくれた預金通帳です。私は子供もいないし、年だから、自分で欲しいものは何もない。これを神父さんのお仕事に役立ててくれたらうれしい」と。その通帳の残高は２１４万円。ルイ神父さん、本当に心から、その女性と神様に感謝してその通帳を使わせてもらったよ。工事が意外と手間がかかり、経費は２１３万円！

なんていうこと。神様はすべてお見通しでアレンジしてくれるのよ。ルイ神父さんのこの話は、とても象徴的。こういうこと、しょっちゅう起こっていることです。

他の神父さんもこういう経験をよくしてるよ。おもしろいことに、神様が用意してくれるお金は、ほぼ必要な額かほんの少し足りない額。余分にあげるとついついムダ使いしちゃうからね。神様は人間の性質よくご存じよ。

まず神の国と神の義を求めて、あとはおまかせしちゃう。これができる人が本当に幸せな人じゃないかなと思うのですが。

日本のカトリック教会には、「日本カトリック海外宣教者を支援する会」という会があります。世界には、民族間の紛争やテロ、貧困、自然災害などで、人間が人間として生きていくための最低限の生活さえできないところがたくさんありますよね。そこに、キリストのメッセージを届けるために、日本人の司祭や修道者、修道女が派遣されているんです。その人たちはアジアやアフリカ、中南米に出かけて行って、現地の人たちと一緒に生活し、一緒に苦しみ、怒り、そして一緒に喜んでいます。私の国のコンゴにも来てくれて、すごく働いてくれています。彼らの活動を物心両面で支えるためにできたのがこの会で、私は会長なんですが、いつも忙しくしているので、連絡が取れないと、事務局のみなさんから叱られています。

なぜ、今、思い悩まなくてもいいよ、という話で、この会のことを出したかというと、この会の宣教者たちこそ、思い悩まない、くよくよしない、恐れない人なんです。もうすごいよ。同じ人間とは思えないほど、タフで、懲りない人たちなんです。ときどき、一時帰国した人たちの講演会があるんだけれど、その話の中に、まさに奇跡というような体験談があるんです。

一つ紹介しましょう。アフリカのカメルーンに派遣されたシスターの話です。彼女の運転する車が誤って、泥水が渦巻いている川に入ってしまった。ハンドルを強く握って切ろうとしてもどうにも動かない、川の流れが強くて流されてしまった。ああ、これはもうだめかな、ここで死ぬのかな、という気持ちになったけれど、いつも、困難に出会ったときにするように、「神様、まだ私をお使いになるのでしたら、助けてください」と祈ったんだそうです。そして、ハンドルから手を放したんだって。そうしたら、なんと、ハンドルが自然にクルクルと回りだして、いつの間にか、その泥の川から脱出できたそうなんです。それは、車の構造の問題で、強くハンドルを握ったときにロックされてしまい、動かなくなってしまったという見方もあるけれど、シスターはその危機的状況の中で、確かに、大丈夫、いつもそばにいるよというイエス様の気配を感じたというのです。

神様がまだまだお使いくださるというので、生かされたのだから、一日も早く、アフリカに帰りたいと話しているの。本当に恐れない人たちなんです。

神様はハローワークのような仕事もしてくれることがあります。

信心深いフィリピン女性アグネスの話です。レストランのキッチンで働きながら、子供を育てていましたが、正社員ではないので、身分が不安定です。友人の同じくフィリピーナが、ホームヘルパーの資格をとったので、自分も将来のためにその資格を取ろうと決心し、経営者に資格を取る学校に通うため、何日か早く帰らせてくださいと頼みました。そうしたら、その経営者は、ノー。彼女の働きぶりを見て、とてもいいので、ずっと自分の店で働いてほしかったんです。だから、資格を取って店をやめると困ると思い、彼女が勉強するのを邪魔したのです。

「どうしても勉強したいなら、この店を辞めてからにしなさい」と。彼女はしかたなく辞めました。

「辞めます」と言ったものの、次の日からどうしようと、とても不安になりました。子供を育てられるかしら。学校を続けさせられるかしら。そう考えると、涙が出てきて、大声で神様に泣きながら祈りました。

「神様、どうか、助けてください」と。

そのとき、家の電話がなり、出てみると、いつもボランティアで庭掃除に行っている女子修道院からでした。

「アグネスさん、あなたが忙しいの、わかっててのお願いなんだけど、母子寮のお手伝いをしていただけないかしら。たくさんは出せないけれど、お給料をお支払いしますから」「もしよかったら、明日からでも来てほしいんですが」

彼女は、1日も失業することなく、仕事につくことができました。彼女がホームヘルパーの資格を取ることを応援してくれたので、時間をやりくりして、無事に資格を取ることができ、現在は介護施設で正社員として働いています。

これって、神様のワザだと思いませんか。神業《かみわざ》です。

主に信頼し、善を行え。この地に住み着き、信仰を糧《かて》とせよ。
主に自らをゆだねよ
主はあなたの心の願いをかなえてくださる。
あなたの道を主にまかせよ。信頼せよ、主は計らい
あなたの正しさを光のように
あなたのための裁きを
真昼の光のように輝かせてくださる。

詩編
37章 3〜6節

人は喜ぶために生まれてきた

聖書の中にこういう言葉があります。

「いつも喜んでいなさい。絶えず祈りなさい。どんなことにも感謝しなさい。これこそ、キリスト・イエスにおいて、神があなたがたに望んでおられることです」（テサロニケの信徒への手紙一　5章16〜18節）

これはイエスの弟子の一人、聖パウロがテサロニケという現在のギリシャの都市にできたキリスト教の小さな教会の信徒に出した手紙の一節ですが、当時のテサロニケの信徒たちの生活はとても厳しかった。

ギリシャ文化やギリシャの神々が支配する社会の中で、ほんの小さなグループだったし、市民からの軽蔑もあった。その頃、キリストの言葉を信じた人たちというのは、身分の低い人たちだったからね。今みたいに、バチカン市国はないし、世界の3大宗教と言われるほどの力もなかった。言ってみれば、地中海で広まったユダヤ教から分かれた、わけのわからない新しい宗教です。

当然迫害はあり、生活は苦しかった。そういう人たちにむかっての神のメッセージが「いつも喜んでいなさい。絶えず祈りなさい。どんなことにも感謝しなさい」。パウロがこう告げる勇気に本当に驚くよ。

私は、よく病気で入院している人のところにお見舞いに行くけれど、病気になって、どうして自分がこんな病気になってしまったのかと絶望している人に「いつも喜んでいなさい。絶えず祈りなさい。どんなことにも感謝しなさい」なんて言えないよ。

事実、ある男性の入院先を訪問したときは、病室に入れてもらえませんでした。何度か足を運び、病室に入れてもらえたとき、彼はこう言ったよ。

「なぜ私がこんな病気にかからなければならないのですか！　神様は私に対して何を望んでいるのですか。今日は何も聞きたくない。出て行ってください」

と。

私は、何も言えなかった。彼の気持ち、よくわかるからね。

だけど、同じような目に遭っても、違う考え方をする人もいました。仕事、仕事で、家庭を奥さんにすべて任せていたモーレツ社員の男性のことですが、彼が重い病気で、回復の可能性が低いと言われたときのことです。

病院からの帰り道、重苦しい気持ちで奥さんと歩いたそうです。そして突然、自分以上にショックを受けている奥さんのことがすごくかわいそうになり、一つこいつが一番喜ぶことをしてあげようとふと思ったそうです。

それが何かというと、奥さんが熱心に通っている教会に自分も仲間入りしてあげようという考えでした。神とかイエス・キリストとかよくわからないし、信仰に頼って生きる人間は弱虫だと、ずっと考えていたし、病気になった今も、その気持ちは少しあったそうです。だけど、そのことは、後で勉強して解決すればいいと、彼は奥さんに言ったそうです。

「洗礼、受けてもいいぞ」と。奥さんは「本当?」と、とてもびっくりしたそうです。

「そうしてくれると、私、すごく安心」と。その後、病室に私の友人の司祭が行って、イエス様のお話をし、彼は洗礼を受けました。その後の彼の病気は奇跡的によくなり、退院できました。仕事の方は、早期退職をし、体調のよい時間は教会でボランティアをするようになりました。

それまで会社のつきあいだけだったので、最初は若い人に命令口調で話し、反発もされましたが、陽気な性格なのですぐ仲間ができ、とても楽しい毎日を過ごすようになりました。そのおかげか、病気もぐんぐんよくなって、まったく元通りの体調になりました。今では、奥さんより熱心に教会に通ってきて、「君の信仰は甘い」と説教をするようになり、奥さんは、うるさくて仕方がないと文句を言っているそうです。

求めなさい。そうすれば、与えられる。
探しなさい。そうすれば、見つかる。
門をたたきなさい。そうすれば、開かれる。
だれでも、求める者は受け、探す者は見つけ、
門をたたく者には開かれる。

マタイによる福音書
7章 7〜8節

苦しみも悲しみも、遠慮せず神様にぶつけようよ

またもう一家族、忘れられない家族がいます。神父として働いていた教会で、子供の事故がありました。両親がパニック状態になり、お互いにお互いを責めて、ののしっていました。相手のせいで、最愛の子供を死なせてしまったと思って。

母親が私に電話をくれたので、私は急いでその家に行きました。母親は泣き、父親は怒ったように固まっていました。私は何も言うことができません。ただ、「今、天に召されたお子さんのために、神様に祈りましょう」と。祈りを促すだけでした。

3人で神様に祈っていると、母親は泣きやみ、最初は祈りの言葉を発することができなかった父親もぼそぼそと、祈りを一緒に唱えるようになりました。

しばらくして、両親が「心が落ち着いてきました」と言いだし、これからのこと、家族で子供の霊を神様のもとに送る葬儀の相談をすることができました。子供が亡くなるという不幸なことがおき、最初は「私があの日、あんなことを言ったから」とか、「ああいう行動をしたから、子供があんな事故に遭った」と自分を強く責めたり、罪悪感を覚えたりするのですが、お祈りすることによって、その気持ちが鎮まったというのです。両親ともに「もう自分も相手も責める必要はない。子供は、子供の人生と使命を生きたのだから、すべて神様におまかせしよう」という気持ちの転換がおこったのです。

これ、不思議なわざだと思う。どん底からの転換は、自分の力や頭で考えてできるものではありません。その瞬間、自分の力を超えた何かが働いてできるのです。それを私たちは、神様の救いと考えているのです。どんな状況でも、神様の愛を信じ、まかせることができるというのがイエスからのメッセージだと思う。

イエスは悲しいとき、苦しいとき、泣いてはだめ、無理して喜べと言っているのではなく、その悲しみを神様にゆだね、捧げることができる人こそ幸せだと言っているんです。

つい最近、その家族に会うチャンスがありました。亡くなった子のお姉さんが結婚し、子供ができたというので、会いに行きました。その家の祭壇でお祈りをするとき、本当に気づきました。この家族の雰囲気が事故当時とは、まったく変わっていたんです。子供を亡くす前よりも、家族全員が仲良く明るく、元気になっていたんです。どうしてでしょう。私は、今、どんな気持ちですかと、率直にお母さんに聞いたよ。

そうしたら、話してくれました。

「毎日、お祈りをしています。そうすると、子供の気配をとても強く感じるんです。あの子は死んでいなくなったのではなく、天国で神様のもとで、私たちが行くのを待っていてくれているんだとわかるんです。だから、寂しくないし、毎日あったことを話しています。あの子に話しかけるようにすると、全部神様が受けて止めてくれるのだとわかります。あの子がいるうちは、わからなかったことです。全部自分の力でどうにかしなければならない……と考えていたけれど、人生には、自分の力ではどうにもならないときがあるし、そんなときは、神様に頼って、力をいただけばいいんだと思ったんです」

悲しみを乗り越えて喜びを生きる。それが可能であることを、イエス自身が教えてくれていると思う。イエス自身、悲しいとき、辛いとき、父である神様にその心をぶつけているよ。

十字架につけられて、死の苦しみを受けているとき、イエスは神に向かって叫びました。


「わが神、わが神、なぜわたしをお見捨てになったのですか」

（マタイによる福音書　27章46節）


悔しいとき、悲しいときは、神にぶつかってくださいと私は言いたい。涙をこぼしながら「神様、どうして私を見捨てられるのか。私を助けてください」と祈るとき、それはきっと聞き入れられる。確かに助けられます。

神を認め、ゆだね、祈るとき、必ず助けられるのだから、恐れることはないんです。恐れることがない人生は、喜びと祈りと感謝にあふれている……とイエスは教えているのです。

主は羊飼い、
わたしには何も欠けることがない。
死の陰の谷を行くときも
わたしは災いを恐れない。
あなたがわたしと共にいてくださる。
あなたの鞭、あなたの杖　それがわたしを力づける。

詩編
23章 1、4節

お金は人のために使うとまた入ってくる

あなたに尋ねたいです。「あなた、お金が必要なとき、どうしますか」と。

きっとこう答えるでしょう。「一生懸命働いて、貯金する」と。

それは当たり前のこと。どうして聞くのという顔をしないでください。私はそれもいいけど、もっと楽な方法あるよと言いたいんです。「それは、他人に与えること。与えれば与えるほどもらうよ」と。

きっとあなたは怒るでしょう。

「詐欺師みたいなこと、言わないでください。あなた、神父でしょ」と。

私たちは見知らぬ人と関わりを持ち、その人を助けることによって、その人は私たちの隣人となるんです。

人は人と関わることにより、助けたり助けられたりしながら「人と成る」のだと思う。

「人である」のではなく「人に成る」。

人は一生をかけて成長していく存在なんです。

赤ちゃんのときは赤ちゃんのように、大人のときは大人のように、今は元気でやっていても、年をとればひとりで服を着ることもできなくなる。さらに年を重ねると、生活のすべてを、他人の手でやってもらわないと生きていけなくなる。

そう見ていくと、段階的に人間はプロセスの中で成長していくといえます。人間は死に至るまで成長し、少しでも神に似たものとして神に近づこうとする。これが人の一生だと思うんです。そのプロセスで大切なのは、人と関わり、関わった人を愛し、誰かの隣人となり、また誰かに隣人となってもらうことです。

私たちは誰かの隣人になり、誰かが私の隣人になるという関係を作って成長していくんですね。

イエス様はこんな風に言っている。金持ちの青年がイエスのもとを訪れて、ひざまずき、尋ねる場面です。

「先生、天国に入るにはどうしたらいいですか」

そうしたら、イエスはその人に、

「『掟には殺してはならない。姦淫《かんいん》してはならない。盗んではならない。偽証を立ててはならない。奪い取ってはならない。父と母を敬え』と書いてあるから、それを守りなさい」

と言いました。青年は「私は小さい頃からずっとそうしてきました」と答えたという。するとイエスはさらにこう付け加えたんです。

「あなたには欠けているものがひとつある。行って、持っている財産をすべて売り払いなさい」と。

その言葉を聞いた青年は、悲しそうな顔をして、イエスの前から去って行っちゃった。どうしてかというと、この青年はお金持ちだったから。

聖書ではお金持ちはなかなか天国に行くのが難しいと書いてあります。「金持ちが神の国に入るよりも、らくだが針の穴を通る方がまだ易しい」と（マルコによる福音書　10章25節）。

この物語が教えていることは、「～してはいけない」「～しなさい」という戒律を守るだけでは、人間は成長しないということではないか。

無償の愛こそが人間を大きくしてくれるんです。人間を豊かに成長させてくれるんです。イエス様は言っています。与えれば与えるほど、報いがある。与えれば与えるほど、もらうことになると。

私の尊敬する友人に、神谷《みたに》秀樹さんという人がいます。アメリカの投資銀行のゴールドマン・サックスに勤めた後、ニューヨークに移住して起業し、日本人としてはじめて米国証券取引委員会に登録した投資銀行を作った人。ばりばりの金融の世界で仕事をし、成功した後に、証券取引をやめて、今は人材育成やボランティア活動をしている人。神谷さんも同じことを言っているよ。人のためにお金を使うと必ずまた入ってくると。

私もそれは実感しています。

私自身、誰かからお金もらう、そうすると、自分のために必要なものってあまりないから、すぐ、今お金の必要な人に回すことにしています。

そうすると、またもらうよ。こんなこと書くと、本を読んでいる人から「この人何者か、手品師か？」と言われちゃうけど、よくあるんですよ、こういう話。

お金は神様の愛と慈しみのエネルギーが凝縮された物、本来、流れていく物です。

だから、それを自分のところだけで抱えて、ため込んでいてはいけない。他人にパスしなければ。そうすると、回り回って、自分のところに戻ってくるよ。

神谷さんの体験談ですが、彼は、投資家として、大きなお金を動かしていたから、当然お金の価値をよくわかっているが、お金は神様から預かり物と考えるの。金融の仕事をリタイアした後は、多くのボランティア事業を手がけているんだけれども、いろいろやっているときに、突然、お金のやりくりがうまくいかなくなることがある。どうしようかなと頭を抱えていると、必ずどこからか手助けがくる。こういうことが何回もあるといいます。それは、この世界の真理が、助けたら必ず助けられるという相互扶助でできているからではないかと思います。

なかなか常識的に考えると、理解しにくいし、信じられないと思うけれど、実際に体験すると、これは信じた方がよい考えだと思うんです。とことん困ると、必ずどこかから、助けの手が差し出される。こう信じている方が生きていくのがラクになる。

前にも書きましたが、旧約聖書の詩編という祈りの中にもこういう一節があります。

「主は羊飼い、わたしには何も欠けることがない」　（詩編　23章1節）

神様は羊飼い、人間は羊の群れ。よい羊飼いが私たち羊の群れをいつも導いてくれているから、安全で何も足りないことがないという祈りです。これをとことん信じ切るのが、人生をラクに生きるコツと思うのですが。

心の重荷はもっと楽にできる

とてもいい話があります。

ブラジル人の移民3世の女性です。彼女は、来日して東京の病院のお掃除の仕事を毎日しています。そのとき、彼女はいつもこのお部屋の人が早くよくなって退院できますようにと聖母マリアに祈っているそうです。

もちろん彼女の行為は、誰も知りません。病室の患者さんは、掃除をする彼女と言葉をかわすことも挨拶をすることもないし、名前も知りません。だけど、彼女はいつも心から祈っているんです。夜寝る前、ブラジルにいる親戚、日本に出稼ぎに来ている兄弟たち、みんなが幸せでありますようにと。そして、今日病院で出会った人たちが明日は少しでもよくなりますようにと。

彼女には、神様が宿っていると私は思うよ。

神道では、森や樹木や山全体に姿を持たない神様が降りてこられて、宿られる、依代《よりしろ》という考えがありますが、ではキリスト教だと、何に神様が宿られるのかと考えるとき、いつも思い出すのが、彼女のことです。

普通だったら、神様が宿るのは教会という建物だと思うでしょう。教会の中に入れば神様に出会えると。カトリック教会では、教会の中に祭壇があり、そこに、イエス・キリストがパンの形をとっていらっしゃるという、聖櫃《せいひつ》というものがあります。

祭壇の赤いランプがついているときは、神様がいらっしゃるというしると考えられていますが、私はそういう形式的なものをこえたところに神様はいらっしゃると思う。

神は究極のところ、人と人との関わりの中で働くと思う。人は生きている以上、毎日誰かと関わっています。家族、友人、学校や職場での人間、名前のわかる人から名前も知らない通りすがりの人も、その日出会う人はみんな意味のある人です。意識するとしないとにかかわらず、そこに神様のワザが働いています。

キリスト教の世界には難しい規則があるけれど、イエス様の生きておられた時代にはそんな難解なもの、いろいろな解釈のできるキリスト教なんてなかった。むしろ、イエス様が語った福音はもっともっと単純で、誰にでもわかることだった。

特に勉強をしていない貧しい人たち、女性や子供たちもすぐ理解できる、とても簡単なものでした。それが2000年と時がたつにつれて、とても複雑で学問的になったと感じます。

しかし宗教の目的とは何か？　イエス様の言動から考えると、人を楽にすることじゃないですか。人を救うこと、魂を救済するとは、その人の心と体を楽にしてあげること。イエス様は、こう言っています。

「疲れた者、重荷を負う者は、だれでもわたしのもとに来なさい。休ませてあげよう」

（マタイによる福音書　11章28節）

聖書の中で、イエスは病気の人、罪びとに「あなたの罪は赦《ゆる》された。立って行きなさい」とか、「あなたの信仰があなたを救った」と言って、癒しを行っているけれど、これをやさしい言葉で言うと、何？　「楽になれ」でしょう。誰でも、病気のとき、また心に重荷があるとき、体がガチガチに固まっていろんなところが痛いでしょう。

そのがんじがらめに冷たく硬くなった心と体が、イエスの言葉によって、あるいは、手をかざすことによって、温かさがよみがえり、ふっと楽になったとき、その人は救われた、助かった、幸せになったと実感するんじゃないかな。

宗教の目的は人を幸せにすることです。教義や罪の意識で人をしばり、苦しめるのではなく、温かく、ほどいて、楽にしてあげること。ましてや、人を自分の教団の一員に加えることでも、天国に送ることでもなく、今現在、ここで重荷をほどき、楽にしてあげること、それが救いではないだろうか。

その救われた、幸せだとほっと楽になる実感をあじわって初めて、人は自分を作り、今も自分に限りない愛を注いでくれる神様の存在に気づくようになるのではないでしょうか。

疲れた者、重荷を負う者は、
だれでもわたしのもとに来なさい。
休ませてあげよう。
わたしは柔和で謙遜な者だから、わたしの軛《くびき》を負い、
わたしに学びなさい。
そうすれば、あなたがたは安らぎを得られる。
わたしの軛は負いやすく、わたしの荷は軽いからである。

マタイによる福音書
11章 28〜30節

イエスってとんでもない人

「イエスって、やはり魅力的な人だったんでしょうね。じゃなければ、お金持ちでも権力者でも立派な家の御曹司でもない青年に、誰もついて行かないでしょう」と言った人がいます。とても鋭い観察力です。

みなさんはイエス・キリストというと、どんな人だったと思いますか？　神の子だからおだやかで公平で、柔和で静かな情熱を秘めた聖人……というイメージをもつんじゃないかな。でも、聖書を読んでいるとそのいつも無防備でぼんやりしたイエスのイメージとは違いますね。

たとえば、新約聖書の中にこんな描写があるんです。ヨハネの福音書です。

「ユダヤ人の過越祭《すぎこしさい》が近づいたので、イエスはエルサレムへ上って行かれた。そして、神殿の境内で牛や羊や鳩を売っている者たちと、座って両替をしている者たちを御覧になった。イエスは縄で鞭《むち》を作り、羊や牛をすべて境内から追い出し、両替人の金をまき散らし、その台を倒し、鳩を売る者たちに言われた。『このような物はここから運び出せ。わたしの父の家を商売の家としてはならない』」（ヨハネによる福音書　2章13〜16節）

イエスの生涯をつづった映画などでよく出てくる有名なシーンだから、みなさんもご存じだと思います。このイエスの行動については、深い意味があるんだけれど、それはひとまずおいといて。縄で鞭を作ってぶんぶん振り回した……なんていうと、キレやすい激情型の人物と思われても仕方ないね。

「なんであのお優しい、神の子であるイエス様がこんな乱暴なことをなさるのかしら」と、日本の古い上品な信者さんたちは感じるかもしれないけれど、私はああ、兄貴のやりそうなことだな、と思いますね。

神の子としての仕事、つまり、この世で苦しんでいる人々に神からのよい知らせ、福音を告げる仕事を、ナザレの近くのガリラヤ湖というイスラエル最大の湖のほとりで活動を開始しました。キリスト教の言葉でいうと、「宣教」で、教えを宣べ伝えることのはじまりです。

福音とは何かというと、万物の造り主である神様がいて、神様は、愛をもって人間を創造したこと、神はいつも人間に対して慈悲深い父親のような愛を抱き、見守っていることを人間に知らせることです。英語でいうとわかりやすいよ。Good News だから。

そのときイエスは、なんと言って宣教したと思いますか。聖書にはこう書かれています。

「イエスはガリラヤへ行き、神の福音を宣べ伝えて、『時は満ち、神の国は近づいた。

悔い改めて福音を信じなさい』と言われた」(マルコによる福音書　1章14、15節)

さらっと読むと、何も感じないけれど、そのときの状況を考えると、とんでもないことです。ガリラヤ湖のほとり、人々はそれぞれの日常生活を営んでいる。そこに見ず知らずの若者がやってきていきなり『悔い改めなさい』と言い出した。ガリラヤ湖とナザレとは、30～40㎞離れているから、ナザレ村の大工の息子のイエスのことなんか誰も知らない。そのあたりでは見かけない若者が偉そうにみんなに向かって「反省しろ」と言って歩いている。

みなさんだったら、どう思われますか？普通は何の権限があって、おまえは偉そうに言うのか、と怒り出しますよ。実際に屈辱を受けたといって、その場から立ち去る人も大勢いたでしょう。

でも、かなりの人数があっけにとられながらも、その若者の話に耳を傾けた。このあたりでは見かけない青年だけれど、よく聞いてみるとこの若者は、なかなかいいことを言っている。神が自分たちのことをとても愛している。今の生活を反省し、神に立ち返る生活をすれば、必ず救われると一生懸命話している。この青年が言うように、神が本当に愛してくれているとしたら、こんなうれしいことはない……そんなふうに感じ始めたのではないだろうか。

そして彼は力があり、権威ある真実の話をしているという噂があったので会ってみようか、と思う人も出てきたのではないか。

復活って信じられる？

キリスト教のお祝いの中では、クリスマスよりも大切なのが、イースター、復活祭です。復活祭というのは、十字架につけられて亡くなったイエス様が、3日目によみがえり、弟子たちの前に現れ、40日間この世にとどまって、弟子たちに神の国の真理を教えたことを記念して行われるお祝いです。

私たちのリーダーのイエスはもう亡くなって、この世にいないんだ、これからどうしたらいいんだろう。イエスが生前、話していた神様の話はみんな嘘っぱちだったんじゃないか……と弟子たちは深い絶望におそわれて、逃げかくれていたと思うよ。弟子たちはみんな、ただでさえ勇気ある立派な人間ではなかったのだから。

後に教会の礎となったペトロなんか、イエスの一番弟子であり、生前は「先生、私はあなたにどこまでもついて行きます。たとえ火の中、水の中までも」みたいな調子いいことを言って、イエスから「お前は、鶏が鳴く前に三度、私を裏切る」と予言された人物なんですから。そしてそのようにしてしまった人物なんです。

そのダメな弟子たちは、イエスが死んだ後、3日目に復活したということを体験して、大きく変わります。

復活したイエスは、まずマグダラのマリアなど、女性たちに現れ、その後弟子たちが隠れているところに、姿を現しました。

死んだ人がよみがえる、復活する、というのは、現代人にとってすごく信じがたいことですよね。しかし、現代人だけでなく、当時イエスの弟子の中にも、なかなか信じられない人がいたよ。

12人の弟子の一人でトマスという人です。彼は、イエス様がみんな一緒にいる場所に現れたとき、たまたまその場に居合わせなかったから、イエス様の出現をすぐには信じられなかった。

みんながイエス様を見たと、大興奮しているところに帰ってきたトマスは、冷ややかな目でみんなを見て、こう言ったんです。

「あの方の手に釘の跡を見、この指を釘跡に入れてみなければ、また、この手をそのわき腹に入れてみなければ、わたしは決して信じない」（ヨハネによる福音書　20章25節）。

トマスがこう言った気持ちの奥には、自分だけその場に居合わせていなかったことに対する複雑な思いもあったのでしょう。それでわざと冷ややかに言ったのだと思います。

それから8日目、再びみなの所を訪れたイエス様は、トマスに「あなたの指をここに当てて、わたしの手を見なさい。また、あなたの手を伸ばし、わたしのわき腹に入れなさい。信じない者ではなく、信じる者になりなさい」（ヨハネによる福音書　20章27節）とおっしゃいました。

イエス様からこう言われたトマスは、

「わたしの主、わたしの神よ」と言ったと書いてあります。もうトマスにしてみたら、それしか言えないよね。そしてそういうトマスにかけたイエス様の言葉がまたすごい。「わたしを見たから信じたのか。見ないのに信じる人は、幸いである」

この言葉はとても重いと思います。

私たちのように、イエスの時代から2000年たって、イエスのことを教えられ、その人物のことが気になって、イエスの弟子の群れに加わった人間たちにとっては、イエス様を直接見なくても、信じることができれば、イエスが弟子たちに約束されたたくさんのもの、福音の恵みをいただけるのですから。

当時のメソポタミア地方の風習では、夢の中で亡くなった人のことを見ると、その人は復活していると考えられたそうです。神学者の中には、イエスの復活は弟子たちの夢に現れたことだと言っている人もいますが、私はそうではないと思う。

「わたしたちは見えるものではなく、見えないものに目を注ぎます。見えるものは過ぎ去りますが、見えないものは永遠に存続するからです」(コリントの信徒への手紙二 4章18節)

見えるものは、限られた時間のものですから、見えないものが永遠であるということは、本当です。死すら過ぎ去っていくものです。なぜなら、イエスが十字架上で、死んでも、3日目によみがえったという事実を示してくれたからです。人と人との絆は思わず知らず長く続くものです。イエスだって、いつも神様を信じて生きてきたんですよ。このイエスと神様との信頼関係は揺るぎなく結ばれてあったものです。そして神は死んだイエスをお見捨てにならず復活させられたんです。

だから、イエスの後に続く人は誰でも死に打ち勝つことができる。これがキリスト教の一番重要なポイントです。人間は死を恐れてはいけないんです。肉体は滅びても霊は死ぬものではなく、死んだら、神とともに生きる新たな生命が始まるのです。

イエスはえこひいき?

当時のイスラエル人社会では、ファリサイ派と祭司や律法学者という宗教的、社会的なリーダーで、エリートがいました。ファリサイ派のようなリーダーは、自分たちだけが神のことを知っており、神に愛されており、救われると威張っていたけれど、最近巷で人気のイエスなる若造はファリサイ派の専門家の教えに対してしばしば文句をつけ、「神は、みんなの神であり、すべての人を救おうとしている」と言ったもんだから、ファリサイ派の学者たちは、イエスが気に食わなかった。だから、どこかで、イエスの揚げ足を取ってやろうと考えていた。

あるとき、イエスが、罪人《つみびと》や徴税人と一緒に食卓について、楽しそうに食事をしているのを見て、このときとばかり、ファリサイ派と律法学者はイエスに問いただした。

当時の社会では、税を扱う人、病人、罪人はけがれた人間として差別されていたから、ファリサイ派と律法学者たちはこの人たちと関わるなんて考えられない。ましてや、一緒に食事をするなんて、とんでもないと思っていました。

だから、イエスの弟子たちにこう聞いたんです。「どうしてあんたたちの師匠は、あんなけがれた人たちと一緒に食事をするのかね」と。なかば軽蔑というかあきれて聞いたんだと思うよ。この質問を耳にしたイエスはこう言ったそうだ。

「医者を必要とするのは、丈夫な人ではなく病人である。わたしが来たのは、正しい人を招くためではなく、罪人を招くためである」（マルコによる福音書　2章17節）

病人や罪人が悪者とされていたのはわかるけれど、なぜ徴税人もそのように嫌われていたかというと、イスラエルはその当時、ローマ帝国の属州でした。徴税人は同じ民族であるユダヤ人から税を取り立てて、ローマ帝国に納め、一方で、情報操作をするなど、ある種の秘密警察のような役割も担っていたから。だから、同郷の人から裏切り者のように嫌われていたんです。また彼らは税金を水増しして請求し、その一部を着服していた。

どんなに苦しくても、徴税人にだけはなるものじゃないという風潮があったようです。このように社会から嫌われている人をやさしく扱い、そういう人にやさしく話しかけて、「あなたたちのために、私は今、存在しているんだよ」と言うんです。イエスという人は。

だいたいイエスが最初に選んだ12人の弟子たちだって、当時の社会においては、まったくエリートではないよ。どちらかというと、普通の庶民よりも下の階層の人。教養も財産も、家柄もない人。イエスを通しての神様の選びというのは、いつもそうなの。イエスの後ろには、直属の12人の弟子がいて、またその後ろには大勢の貧しい人たち、病気の人たち、困窮している人たちの列が続く。

イエスは行くところ、行くところで、「今苦しんでいる人たちよ！　神様はあなたたちを特別に愛しているよ。だからもう、苦しまなくていい。ラクになりなさい。私はあなたたちをラクにするためにこの世に来たんだから」と語りかける。そして、神様がその人たちをいかに愛しているかを証明するかのように、たくさんの奇跡を行うんです。ある人は、足が不自由で歩けなかったのにイエスに声をかけられたらすっと立ち上がって、自分の足で歩いた。またある人は、見えなかった目を見えるようにしてもらった。

だから、イエスはいつもイエスを取り囲む共同体の真ん中に、病人、罪人、子供、やもめ、外国人など、社会から差別されている人たちを置いた。そして彼らが楽に生きていけるような道を示し、他の人たちも彼らが幸せに生きられるように大切にしてあげなさいと命じたのです。

イエスの時代から2000年たって、今キリスト教会、カトリック教会は、イエスの言葉のようにしているかな……と考えてしまう。集う人々が人間である限り、イエスが命じたことをそのまま実行するのは厳しい。

ときどき、キリスト教会の方が、聖書の中で、病人や貧しい人、移民を差別したファリサイ派のような考え方をするように見える場合もある。

もし、イエスが弟子たちに教えたような社会的弱者を中心に据えて、彼らを保護し育てるような共同体がこの地球にできていたら、世界は今よりもっともっと豊かで幸せに満ちたものになっていると思う。

少なくとも、以前日本でおきた障害者の施設での惨劇はおこらないし、学校や社会から自分より劣ったと見なされる人を排除するようないじめはなくなるだろう。そのような行為がいかに卑劣なことか、という理解が社会全体に広がるだろう。

社会的に弱者と言われている人を共同体の中心に据えるって具体的にいうとどういうことだろう。私が思うに、その人たち、つまり、中心に据えられた人たちの居心地がいいかどうかだと思う。

自分がその中心に据えられた人だと思って想像してみるとよくわかる。ただ誰かに命じられたからという理由で飾り物のように置かれるのはつらいし、ただ保護されるだけの役に立たない人物として、同情されるのも居心地が悪い。やはり人として、そのありのままを受け入れながら、幸せになるように親しく接してくれたらとてもうれしいよね。

共同体の中で、弱者がお客様ではない、重要なメンバーとして責任と義務を分かち合い、居心地のよい状況を作ることが大切なんだと思う。

そんな社会が、地球のあらゆるところでできたら、戦争なんてなくなるよ。

III

助けると
助けられるよ

人生は助け合って生きる練習の場

アグネス・チャンというタレントさんがいますね。彼女は、歌手として、香港から日本に来たけれど、今はユニセフのアジア親善大使などをやって、いろいろ活躍している人。彼女はカトリックの信者です。彼女がある講演で話しているのを聞いてすごくよくわかったことがある。

「天国とは、どういうところか」という話です。アグネス・チャンはこう言っていました。

「天国とは、たくさんのごちそうが山ほど、大きなテーブルの真ん中に載っている、豪華な宴会です」

なるほどね。聖書にもそう書いてあるね。

「でも、少し変わった宴会なんです。自分の前には1メートルくらいの長いお箸が置いてあります。それを使って食事をするのです。どうしたらよいのでしょうか。1メートルの箸では、テーブルに積まれたごちそうを自分の口に入れることができません。でも、自分の前に座った人の口には、真ん中に積まれたごちそうをはさんで入れてあげることができます。

お互いにあれが食べたい、これがほしいと話をしながら、助け合って口に入れてもらう、とてもユニークな宴会なんです」

私、驚くと同時に本当にいい譬えだと思ったね。助け合って、お互いに関係をもって宴会をするのが天国なんだねと。

私たちもこの人生において、お互いに助け合って生きる練習をしているんだなと思います。

誰かを助けているつもりでも、助けられているのは、この自分だということに気がつくんです。でもどうやって助けるか、どうやって関わるかがとてもむずかしい。それぞれの人によって違います。こういう場合はこうする、こういう人間の場合は、こんなやり方で助けるというマニュアルなんか、ないよ。人助けのプロや学者たちが学校で習ったマニュアル通りにやって、うまくいかないとすぐあきらめたり、本人のせいにするけれど、この方法は違うと思う。

みんなそれぞれ神様から愛されて、生命をもらって、生まれてきた人間だよ。違う人生を歩み出し、今困難な状況に陥っている。

それをいくつかの症例で割り出した解釈方法に当てはめてもうまくいかない。最初にすることは、覚悟。何度も言ったように、この人は神様の生命をともに分けた兄弟であり、神様からSOSの電話で告げられた人であるから、徹底して向かい合おうと覚悟を決めること。

と言っても、特別なことをする必要はない。まずお金がない若者が私のもとにやってきたら、仕事を探しなさいと励ます。仕事探しの手伝いをするから、自分でも努力しなさいと言う。この国には、どんな仕事でもあるよ。お掃除でも、農業でも、3Kの仕事でも何でもいいんです。ともかく、自分の足で立って歩くためには、まず自分の力で少しでも自分を養うことが大切なんだと思います。

彼はわたしに言われた。
「人の子よ、自分の足で立て。わたしはあなたに命じる」。
彼がわたしに語り始めたとき、
霊がわたしの中に入り、わたしを自分の足で立たせた。

エゼキエル書
2章 1〜2節

他人が癒されると自分も癒される

体の弱い人、どうしても働けない人、働こうとしても心の病気でできない人もいる。そういう人の場合、どうするか。まず、その人の心の中で抱えているものを聞き、打ち明けてもらいます。そしてじっと聞いてあげるのは大事。

ずっと昔、ある引きこもりの青年に会いに行ったことがあります。その人のお父さんから頼まれたんです。

「息子が高校時代にいじめに遭い、高校を中退し、それからずっと引きこもっています」。もう10年になるけれど、今では、母親に暴力をふるうようになり、母親を一時期、別の所に避難させたというんです。引きこもりの原因は髪の毛が薄かったこと。高校生なのに、「はげ親父！」とからかわれ、最初は冗談だったのだけれど、その子があまりに過剰な防衛本能で反応するので、ますますエスカレートし、いじめに発展したらしい。そして、学校に行けなくなり、中退して家に引きこもるようになったというんです。

なぜお母さんに暴力をふるったかというと、「はげ頭に産んだあんたが悪い。あんたのせいでいじめられた」と。

別にお母さんの問題じゃないでしょう。多少気が弱い本人の問題かもしれないけれど、家族には関係ないことでしょう。こういうときって家の中でも、自分より弱い者に鬱憤《うっぷん》晴らしの矛先が行くケースが多い。

この家のお父さんは、偉かったと思う。息子の攻撃の的となっているお母さんをまず避難させようと思い、お母さんには実家に帰ってもらいました。そして介護の必要なおばあさんの世話に専念してもらって、お父さんと息子の2人暮らしになったわけです。

私が行くと、彼は自分の部屋で、布団をかぶってぐるぐる回っているんです。私と会って話をしたくないからでしょう。

それでも何回も何回も行っているうちに、少しずつ話を聞いてくれるようになった。彼の得意なことは何かと聞いてみると、計算だという。お父さんが税理士の仕事をしているから、その影響もあったのでしょう。それで、人と関わらずに家でパソコン1台あればできる仕事を提案したんです。

最初は無反応だったのですが、そのうち少し関心を示すようになり、やってみるとその子は言ったよ。長い間、引きこもっていたから自信がなくなっていたけれど、絶対に人と関わるのがいやだというわけではなかったんです。

昼間は家で布団かぶっているけれど、夜はコンビニに行って何か食べ物を買って食べているから、だからまだ大丈夫だ、仕事ができると考えたわけ。

もともと数学が好きで、勉強もコツコツするタイプだったからね。その子にしてみれば、私なんか変な、怪しいおせっかいな黒人と思ったんじゃないかな。

キリスト教の信者ではないから、神様の話やイエス様のこと、聖書のことを話して言葉で説得しようと思ってもだめね。ただただ、仲間として同じ人間としてほっとけない。少しでも元気になって、お日様の出ている間に外に出て、働いてほしいと思って足を運んだだけ。

彼はお父さんから、勉強方法を教わり、コンピューターを使って会計の仕事ができるまでに自立できて、私もすごくうれしかった。

問題はお母さんの方でした。お母さんの方が、息子よりもお父さんよりも辛かった。自分で産んだ、かわいがって育てた子供から、「産んでほしくなかった」と怒られて、暴力を受ける。地獄だったでしょう。そのストレスからかガンになりました。

自分の命をも奪われかねない状況の中で、どうにも子供とつながることができない。恐怖の方が先に来て、向き合うことができない。いつも逃げたいと思うと。

お父さんが偉かったのです。お母さんと息子の間に入り、時間をかけて、お母さんのこころの傷を少しずつ少しずつ、修復しようと努力したんです。

私は、その家族と何度か会い、話をし、そして祈っただけ。バラバラになった家族が、ゆっくりと、少しずつ着実に歩み寄って、元通りとはいかないまでも、一緒に暮らせる家族になれば幸いだと思っていました。

その平和を取り戻すのを望んでいた父親の努力を見ると本当に、私自身が救われました。ああ、神様は働いてくださったんだと、心から感謝の思いがわき出てきます。

だから、困っている人、助けを求める人がいたら、勇気を出して、声をかけ、つながってみてください。必ずあなた自身が喜びを体験できるから。

恐れることはない、わたしはあなたと共にいる神。
たじろぐな、わたしはあなたの神。
勢いを与えてあなたを助け
わたしの救いの右の手であなたを支える。

イザヤ書
41章 10節

日本は助け合う社会に戻れるよ

ここ10年よく言われる「自己責任」という言葉って、好きじゃないよ。昔の日本はそうじゃなかったよ。

日本は、本質的にムラ社会じゃないですか。昔は、そこが私のふるさとのコンゴとよく似ていると思いましたよ。会社もそうです。

私、大学院を出た後、東京・世田谷のオリエンス宗教研究所というところで働いていました。

オリエンス宗教研究所とは、日本の文化の中で、イエス様が伝えようとした教えを根付かせるために、宗教、宗派の垣根をこえて、一緒に研修しようとはじめられた組織です。カトリックだけでなく、プロテスタント、仏教、神道、イスラム教についてもシンポジウムを行ったり、本や雑誌を出版しています。

そこで私は所長として働かせていただきました。外国に行って、私は日本のこういう組織で所長をしていますと自己紹介すると、みんな、びっくりします。あるとき率直に聞かれたことがあります。

「日本で黒人のあなたが所長として働くのは、とても難しいんじゃないですか？」と。

私は長くオリエンスで働けたのは、みんなが助けてくれたから。私一人でこぢんまりと、私一人の考えに凝り固まって仕事をしていたらそれは、他の人に通じない、わけのわからないものになっていました。そうだったら、絶対うまくいかない。

大勢の人が助けてくれたから、やってこられた。日本の社会は助け合う社会であると言っていいと思います。いや、あった……と言った方が正確かな。

私が来日した1989年は、バブル経済のまっただ中で、誰でも好き嫌いを言わなければ、仕事がある時代でした。

コンゴでは、大都会でも、大学を出ても仕事がなくて、大の大人が日中ブラブラしている姿を見て育っているからみんなが一日中、キビキビ働いている社会はすばらしいと思いました。

一番感激したのは、中学生が卒業したらすぐ仕事が見つかる。高校を出たらすぐに仕事につけるということです。

これはどういうことかというと、就職する時点で頭がよいとか、才能があるといった個人の能力に関係なく、会社が人を育てるという仕組みがあるということです。つまり、採用するとき、働く機械、労働力として採るのではなく、この後大きく成長してよい働きをしてくれる可能性を持った人間として見ているわけです。

熟練したものが未熟なものを指導し、助け合う社会だということです。

それがある時期、世界貿易機構が設立（1995年）され、世界の中で市場経済の共通のルールが定められました。それ以来、世界は一定のグローバルスタンダードのもとで動くようになってきました。そうすると、どうなるかというと、会社や社会が世界経済の競争の波にさらされて、人を育てる、未熟なものをかばうといった余裕がなくなってくるんですね。人間をすぐに使える労働力としてみるようになったのです。

そしてこの伝統的なムラ社会が破綻する。それと同時に家庭の崩壊も急速に進んできたのです。そして自殺もものすごい勢いで増えてきました。

そのときに、これまで言われてなかった言葉が使われるようになりました。それが「自己責任」という言葉です。この言葉が頻繁に使われるようになったのが、小泉純一郎総理の頃です。

自己責任……冷たい言葉ですね。なんか血の通っていない、温かさのない、すごく突き放した感じがする。今現在うまくいってない人は、自分たちの責任で失敗したのだから、他の人は関係ないと。そこで助け合いのムラ社会が崩壊したのだと思います。

でもよく考えてみると、会社も学校も社会も、人がいなければ成り立たないんです。今の貨幣中心、お金中心で生きていこうとする経済至上主義のやり方は、人間を忘れがちになっていく。人間のいない社会なんてありえないのです。人間がものと同じように扱われてしまう。これが恐ろしいんです。グローバル社会は、本来人を助けるものであったお金が、人をリードし、支配する。そういうものになってしまったんです。そして10年もすれば、今話題になっている

ＡＩ（人工知能）が人間の仕事を奪ってしまう世の中になっているかもしれない。それは恐ろしいことです。

もっともっと人間を大切にする社会にしなければならないんです。日本人の伝統の中には「和をもって貴《とうと》しとなす」という思想があったでしょう。

聖徳太子の十七条の憲法の一番初めに書いてありますね。みんなが助け合って尊敬し合って生きていくのが大切なんだと。「おかげさまで生きる」と同じよ。

いろいろな人が一緒に生活する社会だから、片寄らない。貧乏な人、富んでいる人、独身の人、結婚している人、大人、子供、まじめな人、不良っぽい人、そういう多様性のある人たちが一緒に生きていく社会だから、それぞれの立場と人間性の違いを認めて、大切にする。そこに人権の意識が芽生えます。

人権が守られることによって「和」が成り立つんです。和があるところに、正義がある。それらがあって、はじめて平和で豊かな民主的な社会が成り立つのではないでしょうか。

お前たちは、わたしが飢えていたときに食べさせ、
のどが渇いていたときに飲ませ、
旅をしていたときに宿を貸し、
裸のときに着せ、病気のときに見舞い、
牢《ろう》にいたときに訪ねてくれた……。

はっきり言っておく。
わたしの兄弟であるこの最も小さい者の一人にしたのは、
わたしにしてくれたことなのである。

マタイによる福音書
25章 35～36、40節

コンゴは先祖とのつながりも密接

あるとき、聞かれたことがあります。「マタタさん、先祖の霊のたたりって、ありますか」と。私、思わず、ニヤリと笑ってしまった。

キリスト教の教理では、先祖のたたりはないとしている。しかし文化や社会によって神の理解が異なるのです。コンゴ人は、心のどこかでは、先祖の霊の存在を信じているんですね。実際にはたたりはないと思うけれど、先祖の霊とのつながりは否定できないんです。

日本人が自分は無神論者と言いながら、八百万の神を信じているみたいにね。

1989年、欧米出身でない淳心会の第1期神学生として、レミ、フィリという2人の仲間と共に大阪・富田林の金剛教会に着任しました。2年間は、日本語の勉強をし、日本の生活習慣、文化に慣れる目的で地元に暮らし、3年目から上智大学神学部で、キリスト教の神学とともに日本の宗教を学びました。最初は民間信仰について勉強してみたんだけれど、そのうち神道に興味をもつようになった。

なぜかというと、神社のロケーションですね。神社には鎮守の森があるでしょう。中には山や森の杉の木などがご神体として崇敬の対象になっているところもある。鎮守の森、神様が宿るというご神体、そういう考え方がふるさとのコンゴの森とよく似ているなあと思い、とても懐かしかった。

コンゴ人にとっても、森は西洋文化の森の考え方とは異なり、とてもスピリチュアルなものです。西欧人が森を資源の宝庫と見るのに対して、コンゴ人は森を死者の魂が眠り、生者と交わる鎮守の森と考えているんです。つまり、森は目に見えない霊のすみかと。

コンゴだけでなくアフリカの人たちは深い親族意識で結ばれています。アフリカでは、本当に氏族の団結が強い。たとえば、アフリカのどこかの地で見知らぬ2人が出会ったとします。最初にしなくてはならないのは、相手と自分の間になにかつながりがあるかどうか、探し出すことです。2人が親類で、遠いながらもつながりがあった場合、そのときから2人はそれぞれの名前ではなく、「おじさん」「甥っ子」という関係を示す名詞で呼び合い、親密度を確認し合うんです。

その関係を示す系図は、生きている者だけでなく、亡くなった人、またこれから生まれてくる命であろう、未来の子どもたちをも含みます。特に亡くなった人は、「リビング・デッド」として家族の一員として、人々の記憶の中に生きています。そして、リビング・デッドの霊が住んでいる具体的な場所として、考えられるのが「家」であり、氏族の森です。

先祖の霊、リビング・デッドは、生きている人の記憶の中で、ずっと生き続けているので、死者となって目に見えない存在になっても、家庭内でおこる様々な出来事に関心を持ち、時には介入してくると考えられています。

たとえば、一族の土地や森ですが、西欧社会、日本でも、所有者が亡くなると、それを相続した人の名義となり、所有権が移行しますが、コンゴはちょっと違うんですね。土地、森、川、湖、そして、そこに住む野生動物は、その土地に葬られた先祖のものであり、先祖は一族の保護者なんです。

先祖というのは、特別によい行いをしたり、功徳をつんで、一族に繁栄をもたらした立派な人であり、誰でも死ねば先祖になれるわけではないんです。後継者である子孫は、森の所有者ではなく、単なる管理人なんです。だから先祖の土地や森を一部分でも売買することができない。このように、コンゴに限らず、アフリカの黒人社会では、死者と生者は密接な関係があるんです。

生者は死者を忘れてはならない。そのあかしとして、先祖に食べ物、椰子《やし》の酒、鶏、お金、塩、着物などを備えなければならない。そうしないと、先祖は怨霊となり、夢に現れたり、森の中で人間を襲ったり、また一族に病気や事故などの災いをもたらすと考えられているんです。

コンゴ人にとって森とは、単なる自然を意味するものだけではなく、生きている人間と動植物に生きる力を与えるものであり、先祖と会い、神と出会う神聖な場所なんです。

キリスト教が入ってくる前のアフリカの伝統宗教の特徴は、先祖崇拝です。自然の中に神を見つける点では、日本の神道とよく似ています。

日本人が森や山を神が宿るご神体と考えたのと同じ。今でも私たちコンゴ人はそれを本当に真剣に信じている。

たとえば、私の先祖の土地では、金曜日には先祖が畑で働いているから、ご先祖様の仕事の邪魔をしてはいけないんです。だから、家族の誰もその日は畑仕事を休むんです。ユダヤ人の安息日とまったく同じ。

こういう考え方、アフリカには今でもあります。この世の中には、見えるものと見えないものが共に影響し合って生きている。そう考えた方が心が豊かになります。

コンゴの森は鎮守の森、それがナチュラル

最近コンゴに帰ったとき、コンゴの90歳のあるおばあさんから、おもしろい話を聞きました。先祖供養のことなんですけれどね。コンゴは、日本みたいに、亡くなってから何年たったから何回忌とか決めて供養をするのではなく、一族に災いが起こったときに供養するんです。

一族の中で、病人が出たり、災害に遭ったりするのは、誰かが先祖を怒らせたからだ。その怒りを鎮めるために、何をするかというと、鶏か山羊を屠《ほふ》らなければなりません。スケープゴートとして捧げるんです。誰がそれを捧げるかというと、その災いの原因とされる人がするんです。問題はその捧げ物をどうするかということです。おばあさんはその地域で一番マナーがよい女性と認められていて、シャーマンのような役割をしているんです。だから儀式でも、一

番奥に座り、一部始終を見ている。儀式が終わると、捧げ物のほんの一部を取り分けて、外の祠《ほこら》のような場所に置く。そしてそのおばあさんは、遠いところからその捧げ物がどうなるかと見ているんだそうです。

犬か猫がやってきて、その供え物の一部を食べたら、ご先祖が食べたと考えて、災いを起こした人は許される。

食べなかったら、供え物をした人の償いが足りなかったから、先祖が食べなかったと考える。

いずれにしろ、供え物の大部分はそのシャーマンのおばあさんが食べているそうです。そのようなおばあさんは、アフリカの伝統に従って尊敬される生き字引です。このようにキリスト教の信者になった人でも、先祖が今でも私たちの生活に深く関与し、神と人との間で働いていると考えているんです。こうして人と人との絆が保たれてる。

生まれてくる赤ちゃんは、先祖の贈り物と信じているんです。

そのような事情もあって、コンゴでのカトリック教会のミサでは、ミサの最初に先祖へのお祈りを捧げるんですから。

森を鎮守の場所と見るか、資源の宝庫と見るか、それによって大きな差が出てきます。森を神や霊の宿る場所として怖れ、うやまうと、そこから本当に強いエネルギーをもらえる。逆に資源だけとして見ると、絶え間なく資源絡みの利権の紛争が世界から押しかけてくる。資源は有限な物質となり、森が破壊されると同時に、その経済効果もいつかはなくなる。くめどもつきないエネルギーの無限の宝庫か、いつかはなくなる有限の資源か、どちらが我々生きている人間にとって有意義かわかりますよね。

でも日本人にしろ、コンゴ人にしろ、森について冷静に考えてみると、先祖とのつながりを持って人との絆を見つめ直す必要がある。先祖からずっとつながった一族の歴史の中で、自分の生命があるのは、事実ですが、その自分の生命は神様からいただいた、かけがえのないものなのだから、その愛を信じて感謝して自由に生きていくのが一番だと思うよ。

親鸞とイエスは似ている

私は一時期浄土真宗の開祖、親鸞《しんらん》にとても惹かれていました。親鸞だけでなく、時宗《じしゅう》の開祖、踊り念仏を行って、諸国を旅した遊行《ゆぎょう》の聖《ひじり》、一遍上人《いっぺんしょうにん》も大好きです。

どうしてかというと、親鸞の「善人なおもて往生《おうじょう》を遂《と》ぐ、いわんや悪人をや」という悪人正機説《あくにんしょうき》は、私たちにとても大切なことを気づかせてくれるからです。それは、我々がみな罪人《つみびと》だということ。煩悩に満ちているのが人間だということ。キリスト教的にいうと、「欲望」をもっていることです。

欲をもっていない人間なんてこの地球上に一人もいません。「私は何も悪いことをしていません。罪など一つも犯していません」と胸を張る人がいても心の中はわかりませんよ。

顔でニコニコ善人のようにしていても、心の中では、相手のことを憎んだり、いなくなればいいと考えている人もいる。

私はよく「マタタさんは嘘つけないね。すぐ顔に出る」と言われるけど、私はその方がいいと思ってる。世間にはときどき心を鬼にして子羊の皮を被ったようなライオンも存在しています。

怒っていたり、不愉快な気持ちがあるの

に、取り繕《つくろ》って相手を欺《あざむ》くよりも、正直にいやなものはいや、気分が悪いなら悪い、と伝えた方がいいと思う。

　要するに自分の心の中の暗い部分もみんな、率直に認めることから始めないといけないんです。

　日本の仏教史に戻ると、鎌倉時代、親鸞が出現するまでは、勧善懲悪で善人は極楽に行き、悪人は地獄に落ちるというのが、仏教の常識的な考え方でしたが、親鸞はその考え方に〝待った〟をかけたのです。

　善人でも極楽浄土に行くというのなら、罪を重ね、自分の弱さ、悪さにうちひしがれている悪人がそこに行けないはずはない。阿弥陀如来《あみだにょらい》はそういう悪人を救済するためにこの世に来たのだから、と。

　このところがイエスの言っていることとまったく一緒です。イエスは当時、人々からさげすまれていた徴税人や罪人たちと一緒に食事をしていました。階級や差別があからさまの、当時のユダヤ社会では考えられないことです。それを見た社会的に地位のある学者たちが「なぜイエスは徴税人や罪人たちと同じテーブルについて、食事をしているのか」と疑問に思って尋ねました。するとイエスは、こう言われたと、聖書に書いてあります。

「医者を必要とするのは、丈夫な人ではなく病人である。わたしが来たのは、正しい人を招くためではなく、罪人を招くためである」（マルコによる福音書　2章17節）

　親鸞の悪人正機《あくにんしょうき》とイエスの言葉、同じで

すね。イエスは、人を罪人だと決めつけるな。むしろ罪人をやさしく迎え入れなければならないと言っているんです。

神の視点であらゆる人間を眺めたら、神のお造りになったものの間に、区別はないのです。私たちはよく、あの人はいい人、信用できる。あの人は悪い人、信用できないと判断しますね。でも、その判断は何を基準にしているの？　何の根拠をもって下しているの？　見た目で判断なのか？

とても曖昧です。自分の単なる好き嫌いや、感情で判断してる場合がある。特に「あの人はいい人」と言う場合、自分に「どうしてあの人はいい人なの？　その根拠は？」と自分に聞くと、だいたいあの人は私にとてもよくしてくれたからと。「でも、あの人、あなた以外の人に意地悪してますよ」と言うと、それは「相手が悪かったんでしょう。あんないい人を怒らせるようなことをしたんだから」と言う。こう考えるのもなんだかご都合主義だと思いませんか。

まあ、私も判断することあるよ。あの人は意地悪だ。頭にきちゃう。率直に言って、そう思うことあるよ。それは人間だから、仕方ない。だけど、そこまで。

それ以上は思わないようにしている。あ、父なる神様の視点で見ると、私が悪人と判断している人も、そう判断していない人間も同じ子供なんだな。神様はすべての人に等しく生命の源である太陽の光を送り、恵みの雨を降らせてくださっている。そう考えるとこれまで悪人だ、私に災いをもたらすと決めつけていた人が、自分にとって、とても身近な友人に思えてきます。

宣教師、神道に惹かれる

来日から3年目、上京してから、毎日のように他の宗教信者との関わりが多くありました。最初は、小谷姉妹に神社の初詣に連れて行ってもらったことから、そして東京では島田孝治さん、山形昭先生の神社とお寺めぐりによって神道に興味がわき、神道を研究テーマに選びました。

そして、いろいろな神社に行きました。伊勢神宮にも行きました。大学院生になったら、キリスト教と神道の比較研究をしました。國學院大學に行って、本格的に勉強しました。そのときが一番おもしろかった。

だんだん神道の世界の人たちと関わるようになり、神社本庁での研究会でも発表もし、神道国際学会の会員にもなりました。

神社に行って、神主さんたちと親しく交わるようになりました。仲良くなるにつれて、おもしろいことに私に対する呼び方が変わってきたんですね。

最初はカトリックの司祭として行くから「神父さん」、少し親しくなると「マタタ神父さん」。今では「マタタ先生」と呼ばれるよ。

私も最初は○○宮司《ぐうじ》さん、禰宜《ねぎ》さん……と、役職名や名前で呼んでいたけれど、うちとけてくると、名字や名前で○○先生と呼ばせてもらっている。そうなると神道についていろいろ教えてもらってわかるようになる。

私が日本に来て日本の文化を勉強しようと思ったとき、まず神道を学ぼうと思った。その理由は、コンゴの伝統文化がとても似ているなと感じたからです。

たとえば鎮守の森について考えてみましょう。コンゴの森は生きている人間と先祖の霊が出会う場所。鎮守の森も神様が宿る神聖な場所。ともに目に見えない生命の源のような霊が宿るところです。ともに森こそ人類の生命現象の母胎であると認識しているところです。

神道もアフリカの民族宗教も森を神の宿るところとして敬い、畏敬の念をもって人生の神秘を人間が社会に一歩を踏み出す前に森から学ぶ。そして、親しく森と交わることによって、私たちの生命を生き生きとしたものにさせてくれる。そのような森の恩恵に感謝と畏敬の念をもっているところに共感を覚えました。

私が神社に行くと、心の故郷に帰ったような安らぎを覚えるのは鎮守の森だけではありません。

神社の拝殿に入ると、真正面に見えるのが鏡です。神道では姿なく、形なく、隠れておわします神様が人間にわかるような形で宿られる依代として、鏡が祀《まつ》られています。その鏡の中の神様と向き合うことによって、自分の心を清く正しくしていく意味があるといわれています。

ある神社の宮司さんに聞いた話です。その宮司さんの息子さんが若い頃、反抗期で、悪ぶって、万引きをして補導されたそうです。そのとき、宮司である父親は親として殴ってしつけをしようと思った。でも、待てよ。今感情にまかせて、殴ったところで息子はわからないだろう。長々と言葉で説教してもだめだろう、と思って、拝殿《はいでん》の鏡の前に座らせて、「鏡を見なさい。自分のやったことをよく考えなさい」と言ったそうです。

鏡の前に連れて行かれて、自分と向き合う時間を持たされたことは、彼にとって、とてもよい修行になったのではないかと思う。神様の前に一人にされて、反省しなさいと言われたとき、本当に自分の罪を認識できたのでしょう。人に「罪人《つみびと》だ」と言われても、心の中で自分の罪を反省するとは限りません。言われれば言われるほど、父親の言うことが正しければ正しいほど、心の中で反発して、逆に反省できないこともあります。神主であるお父さんは、別のところで、静かに息子が自分の罪に気づき、立ち直るように祈るだけだったといいます。

その後、彼は神官への道を選び、しっかり勉強して、今は立派な後継者になり、よい父親になっています。神社の鏡で思うことは、神の前に立って神と真正面に向き合ったとき、自分の本当の姿、いたらなさと、それでもどうにか生きている、生かされている恵みを実感するのではないのかな。

このことは、私たちカトリックの神父に

とても参考になる話です。

　カトリックでは、ゆるしの秘跡といって、自分の罪を反省し、それを神父に打ち明けています。

　そのとき、神父のできることは、その人の言葉をただ黙って聞きながら、神様にゆるしを願うだけです。そんな悪いことをしたのか……と責めたり、怒ったりしません。その人と一緒になって、神の前に立ち、ゆるしを乞《こ》うのです。そう、罪のつぐないとして、いくつかの勤めをするように忠告しますが、これは罰ではありません。教会の祈りとか奉仕とかを命じるのです。

　それは罰ではなく、それを行うことによって、罪の重荷から解放される作業なんです。それは教会が長い伝統の中で培《つちか》った知恵でもあるのです。

Ⅳ

幸せは
目の前の
つながりから

釜ヶ崎のドヤ街に住む本田神父の話

イエスが現代社会に生きていたら、どんなところで生活していただろう、とときどき考えます。

心に残る一冊の本があります。大阪の釜ヶ崎《かまがさき》で日雇い労働者と一緒に暮らしている本田哲郎神父さんの本『釜ヶ崎と福音～神は貧しく小さくされた者と共に』という本です。

その本のカバーに『炊き出しの列に並ぶイエス』という版画が使われています。フリッツ・アイヘンバーグというドイツ系アメリカ人の画家の作品です。

ぼろを身にまとい、頭を下げて、黙って炊き出しを待つ列の真ん中に、同じようにぼろを着ていて、頭から光を出している長髪の男がいます。静かに祈るようなたたずまいのこの人がイエス・キリストなんです。

この版画は、日雇い労働者が住む街、釜ヶ崎の食堂に掲げられています。なぜ本田神父さんはご自分の著書のカバーに使ったのでしょうか。

神父さんは、本の中で炊き出しをする側とされる側、一体神様はどちらの側にいるんだろうかと問いかけているんです。キリスト教会は、伝統的に炊き出しの活動をしているから、みんな炊き出しをする側と答えると思うけれど、本田神父さんはこう書いています。

「そうではない。神様はむしろ、手助けを必要とするまでに、小さくされてしまっている仲間や先輩たちと共に立っておられるのだ」と。

小さくされた人。本田神父さんが、路上生活者や家をもたずに各地を渡り歩く人たちのことをこう呼んでいるのです。それは、病気やけが、または災害で、職をなくし、家をなくし、家族とも別れて、社会から抑圧されたり、差別されたりして、その日暮らしを強いられる人たちのことです。

彼らは、自分から望んで社会的弱者になったのではない。彼らの存在を許し認めることのできない、不寛容な社会によって、弱者にされたのだと、本田さんは言います。つまり、小さい人ではなく、小さくされた人だと。

本田神父さんは、フランシスコ会という修道会の管区長をしていた方です。フランシスコ会は、13世紀のイタリアで、金持ちの毛織物商人の息子、フランシスコ（フランチェスコ）が各村々で見た、貧しく、虐げられた人々の姿に深い悲しみと驚きを覚え、自分の持っている巨額の富を放棄し、自ら貧しい者の一員として、彼らと連帯し、神の愛と道を歩んでいくために作った修道会です。

本田神父さんは、フランシスコ会に入会後、若い頃はローマのバチカンで神学を学び、帰国してからは、大きい教会の主任司祭として、信徒たちを導き、管区長という、日本のフランシスコ会のトップになられた方です。フランシスコ会の管区長というと、キリスト教の世界ではエリートです。その地位をなげうって、大阪のドヤ街といわれる釜ヶ崎に住みついたのですから、その衝撃は大きかった。

そういう行動をとる人の場合、どこかストイックで、キリスト教の理想を追求して、貧しい人々の友とならなければならないという悲壮感が漂っているかと思うのだけれど、本田神父さんには、そんな感じがまったくない。いつも元気で、エネルギッシュなんですよ。

私はそれがどうしてなのか、不思議でたまらなかった。

本田神父さんは、自分の釜ヶ崎アパートのことを「ニジョウジョウ」と言っているけれど、2畳の部屋よ。それでもニジョウジョウに住めるだけ、私は幸せ。恵まれていると本田さんは話しています。

本田さんが釜ヶ崎に初めて来たのは、管区長のとき、管区長の仕事として全国にあるフランシスコ会の活動拠点を見回っていたときでした。

本田神父さんは、奄美大島の代々続いたカトリック信者の家に生まれ、生後まもなく洗礼を受け、ずっと教会のいい子として育ち、大人になっていい神父として生きてきた。しかし、イエス・キリストが告げたよき知らせ、福音の喜びは、まったく感じられなかったといいます。

神父さんは、何とかそれを得たいと願い、教会が伝統的にすすめている黙想や断食をし、困っている人に施しをしたそうです。しかし、まったく効果がなく、そのことにずっと一人苦しんでいたといいます。

それが釜ヶ崎に視察に行き、はじめての夜回りをして、路上生活の人に恐る恐る毛布を手渡すと、その人はにこっと笑って、「兄ちゃん、すまんな。おおきに」と言ってくれた。その言葉が、自分を解放してくれたと感じたそうです。

それは、管区長室では一度も味わえなかった喜びだったそうです。

本田神父さん、たぶん管区長のときは、肩に力が入って体中、かちこちに固まっていたんだろうな。

それで生きている喜びを感じることがなかったのではないかと思います。

神様からのよき知らせや、福音を伝える自分が、毎日の仕事や会議に追われ、生きている喜びを感じられなくなっていたとおっしゃっていましたよ。

そんなとき、釜ヶ崎で出会った人が何気なく言った感謝の言葉が、神父さんの心と体をほぐしたんでしょう。私もそういう経験があるからよくわかるよ。

神は、見劣りのする部分をいっそう引き立たせて、体を組み立てられました。
それで、体に分裂が起こらず、各部分が互いに配慮し合っています。
一つの部分が苦しめば、すべての部分が共に苦しみ、
一つの部分が尊ばれれば、すべての部分が共に喜ぶのです。

コリントの信徒への手紙 一
12章 24〜26節

「あんたも苦労してるんだろ」につまった愛

本田神父さんは、その体験が忘れられず、管区長の任期が終わるとすぐ、釜ヶ崎に駆け込んでいきました。

釜ヶ崎でいろいろな出会い、体験をして自分自身の独りよがりの信仰から解放され、福音の喜びを実感することができたのだと思います。神父さんにとって、釜ヶ崎は居心地がよかった。釜ヶ崎を、「ほんまもんの教会」と感じたそうですが、私もその気持ち、わかるよ。

27歳でコンゴから大阪に来て、まったく何もわからないまま、日本語学校に通いながら、毎週金曜日に釜ヶ崎に行って、炊き出しのお手伝いをした時期があるんです。私の一番元気な頃ね。

そこで、本田神父さんが言うように、私も釜ヶ崎、そして、東京に来てから行っていた山谷で、居心地のよさを感じましたね。釜ヶ崎や山谷に行くでしょう。あそこでは、黒い人、私1人。日本には大勢いるけれど、ドヤ街には1人ね。そうすると、彼らがやってきて、私にこう言ってくれるのね。「あんたも苦労してるんだろ。いやな思い、たくさんしてるんじゃないか」って。「われわれ日本人にいやな目に遭わされてないか。この国、住みにくいんじゃないか」と。

外国人ということで、差別されてるんじゃないかと、本当に親身になって心配してくれるの。

私は別に、日本で差別されているとか、迫害されているとか、いじめに遭っているとか感じたことはまったくないけれども、彼らの心の優しさを本当に味わうことができたんです。とてもうれしかったです。

あそこは助け合いの組織がよくできていると思いました。それも規則で作られたのではなく、年長者を敬い、年下を心配し、かばい、病人を助ける……といった日本が昔から培ってきた人情に基づいたムラ社会ね。それが生きていると思いました。

病気の人が出ると、そばにいた人が炊き出しの列に2つの皿をもってきて並ぶ。

またある人は日雇いの仕事に行って、今日1万円稼げたと大喜びで帰ってくる。すごく喜んでね。でもそれを一人では使わないんです。自分は3000円をとって、あとの7000円は、仕事にあぶれた仲間に貸してあげる。

そういう世界を体験し、ああ、この人たちは、本当に立派で、人間としてすばらしいと感動しました。世間は馬鹿にしているけれど、この人たちの人間性の中に、本当に純粋な神の光が宿っていると思ったよ。

それと、あの人たちの働きの恩恵をたくさん受けていることを忘れてはいけない。たとえば工事現場の一番きつい大変な仕事をやってくれている。彼らの働きがなければ、私たちの快適な暮らしはできないんだという認識をもたなければならないと思うよ。

釜ヶ崎や山谷の人たち、顔なじみになるといろいろなことを話してくれるよ。どうしてこういう生活をするようになったか。それぞれ、人生の中でちょっとした何かのはずみで、自分の今までの生活を続けていくことができなくなったこと。会社が倒産して、住宅ローンがある。すぐに再就職ができない場合は、日雇いという形でお金を得る。日雇いの場合、前提は体が丈夫なこと。世の中の景気がよくて、労働力が不足していること。ひとたび怪我をしたり、不景気になると、すぐ仕事がなくなり、ローンが払えなくなる。そうして、家を手放すか、ご主人だけ家を出て、住み込みの仕事を求めて、山谷や釜ヶ崎にやってくる。

家に仕送りできている間は、家族との絆は保たれているけれど、1回、2回と仕送りができなくなると、後ろめたさによって自分から、身を隠し、家族との縁を切ってしまう。何十年も子供と会っていない、奥さんと会っていないという人が多いんです。

みんな本当に何も持っていない。家族もいない。いったん病気になれば、倒れて死んでしまう。そこにあるのは、無常の世界です。

そんな中で生きようとする意欲はとても強いんです。自分の今日の命以外、頼れるものは何もないんです。しかし、諦めないで今日の命を何とか仲間と助け合って、明日につなげようとする。

私は何度か山谷や釜ヶ崎に行って感じるのは、お互いに助け合って、みんなで今日を生き明日を切り開こうとしている力の大きさなんです。

彼らは普通の当たり前のものを持って生活している人たちに比べて、とても優しいし、何より助け合って生きていく喜びの実感があるんです。

そこに私はイエス様を見てしまうのです。

大変な状況だけれど、決して生きることを諦めない。自分だけが諦めないんじゃなくて、仲間が諦めないように助け合う。転んで立ち上がれない人は、みんなで抱えて立ち上がらせてくれる。そして、少しでも喜びを見つけようとする。

釜ヶ崎や山谷に行って、感謝するのはそこなんです。

いろいろな付属物がはぎ取られた結果、表に現れた人間本来の生命の豊かさを感じることができるんです。

最近、「聖人」に列せられたマザー・テレサは、「私は貧しい人々の中にイエス・キリストを見る」と言っています。

本田神父さんは釜ヶ崎に住む人たちのことを人生の先輩、兄弟と呼んでいますけれど、私にとっても、彼らは仲間であり、その優しさの中に、イエス・キリストを見つけることができるんです。

人はしばしば
不合理で非論理的で自己中心的です
それでも許しなさい

人にやさしくすると
人はあなたに何か隠された動機があるはずだ
と非難するかもしれません
それでも人にやさしくしなさい

成功をすると
不実な友と
本当の敵を得てしまうことでしょう
それでも成功しなさい

心を穏やかにし　幸福を見つけると
妬《ねた》まれるかもしれません
それでも幸福でいなさい

マザー・テレサの言葉

愛するとは、大切にして行動すること

キリスト教は、愛の宗教と言われているけれど、愛ほどわかりにくいものはないですね。

では愛って、何なの？

愛には、エロス、フィリアとアガペーがあります。エロスは自分の感情から相手を好きになるもので人間の間に生じる愛の感情のことを表します。フィリアは友情、友愛、一般的に聖書で示される兄弟愛のことです。アガペーは慈悲、神の無償の愛のことを表します。神から人間へと向けられた愛、完全な存在である神から不完全な人間へと向けられた愛です。

１５４９年、日本にフランシスコ・ザビエルがキリスト教を伝えたとき、「愛」という概念をどう日本人に伝えるかという問題に悩み、日本語の「御大《ごたい》切《せつ》」という言葉で表したと言われています。「御大切」、相手の存在そのものを受け入れ、そのすべてを大切にしてくれることです。とてもいいですね。

愛とは、アガペーだ、エロスだと、頭で考えて分析するより、「相手を大切にすること」といった方がすんなりわかる。本当に愛とは、相手を大切にすることだと思う。相手を大切にすると考えると、すごく具体的に行動できます。家族をなくして寂しい気持ちで落ち込んでいる人がいれば、「一緒にごはん食べようよ」「一人で閉じこもらないで、一緒にいて、少しでも温かい気持ちになろうよ」と誘う行動力が出てきます。

リストラされて、自信をなくしている人には、「一緒に仕事探すよ。手伝うよ」と声をかけることもできます。

だから、愛とは言葉や口先だけのことではないんです。行動が伴うんです。相手を大切にする行動が。だけど、ときどき、一般社会や教会の中でも、キリストの愛を実践するのが苦手な人がいます。

私もコンゴにいたとき、とても悲しい体験をしたのを思い出します。修道院に入る前、将来の道について考えていたとき、ある神父さんを訪ねていきました。

昼の約束だったので、何も食べずに司祭館でご馳走になるかと思って、急いで待ち合わせ場所へ向かって走っていった。ちょうど昼食前に私はリビングのドアにたどり着いて立っていた。すると、お付きの神父が出てきて、「これからランチを食べますので、隣のお部屋でお待ちください」と。私はてっきり、一緒にいかがですか？　と言われると思ったら、しばらくお待ちください、と。

彼らはゆっくり食事をとり、その後、地中海地方の習慣である昼寝までして、よい気分で私と面会した。ランチ抜きで長い間待たされた私は、もうくたくたに疲れたよ。このような行動は、普通のコンゴ人の食事の感覚から比べてみると意外なものです。コンゴではかつて食事の席には親、兄弟だけがつくのではなく、近所の人、旅中に通り掛かった人も食事に招かれる習慣がありました。一人で隠れて食事するような人間は他の人から見ると決していい人とは思われません。食べるか食べないかわからない人までの食事を用意するというのが個人の感情を超えた兄弟愛を表現するものではないかなと思います。

最近、ヨーロッパの合理的な考えでは、食べるか食べないかわからない人の食事を用意して、それが無駄になるのはよくない。だから、人数分しか用意しない。お昼を一緒に食べようという誘いがない以上、昼食は自分で済ませていくのが常識と。

でも、イエス様を手本にした生き方、福音に照らし合わせると、この行為は福音的ではないと思いましたね。いくら目下の人でも、呼びつけておいて、自分の食事の時間になったからといって、待たせておくというのは失礼です。

私は修道院の中であんなことはしない。教会では食事を作ってくれる人がいたけれど、その人に1人分ではなく、余ってもいいから、2人分くらい多く作ってもらっていました。

だって、教会というところは、誰がいつイエス様をたずねて神様に用事があって来るかわからないところじゃない？　ホームレスの人も、寂しくて仕方がない人も、ふらっとやってきて、玄関のベルを押すところなのよ。それがお昼の時間で、中からおいしそうな食事のにおいがしていたら、どうする？　その人は、一緒に食卓を囲みたいと思うし、私もよかったらどうぞ、一緒に食べましょうと誘いたいよ。

お金の面でいえば、多くかかるかもしれませんが、特に困っている人が食べればもったいなくないんです。

私がコンゴで味わったあの体験は、「ああ、人が大切にされていないんだな」というもの。自分のスケジュールだけを優先するのも愛とは違うね。聖書を読んでわかるのは、イエス様は決して、そういう人ではなかったということです。自分の予定や自分の居心地を最優先にする人ではない。まず、自分が今、向き合う人を最優先にして大切にしています。

私もこのことについては、よく考えて反省する。自分のスケジュール、自分の状態をついつい考えて、神様が目の前に遣わした人たちを二の次にしていないかと。

愛は忍耐強い。愛は情け深い。ねたまない。
愛は自慢せず、高ぶらない。
礼を失せず、自分の利益を求めず、
いらだたず、恨みを抱かない。
不義を喜ばず、真実を喜ぶ。
すべてを忍び、すべてを信じ、すべてを望み、すべてに耐える。
愛は決して滅びない。

コリントの信徒への手紙 一
13章 4〜8節

お金はみんなの社会をよくするために使う

キリスト教は、きれい事が多くて、お金についてきちんと話さないと言われたことがあります。確かに宗教には、そういうところがあるかもしれません。

キリスト教の考え方では、われわれが使っているものは全部神様からいただいた物。日本語で「おかげさま」というでしょう。お陰とは、目に見えない陰の世界、その力で我々の物質世界が成り立っている。

物でも、子供でも、生命さえも預かり物。その考え方からすると、お金だって神様からの預かり物。自分で稼いだお金だからどう使おうと自分の勝手だという人がいるけれど、それは違うと思う。

自分で稼ぐというけれど、お金を手に入れるための頭や健康な体、そしていろいろな偶然が味方してお金が入ってくるんじゃない？　親から引き継いだ財産を自慢する人もいるけれど、これはまったく無意味です。

生まれたとき、人間は裸でしょう。何も持っていないでしょう。オギャーと泣くエネルギー、心臓がドキドキ動く音。このエネルギーをくださったのは、誰？　人間じゃないよ。神様だよ。この大切な生命さえ、神様からの預かり物。

そう考えるとお金は当然神様からの預かり物でしょう。この世界には、お金があり、そのお金中心に世界がまわっているのも事実だけど、人間はお金よりも尊いんだから。お金に使われるのではなく、お金を使う者になるべきなんです。

お金の管理者にならなければいけないんです。

マタイによる福音書（25章14～30節）の中に「『タラントン』のたとえ」という箇所があります。タラントンはイエス様の時代のお金の単位です。

「天の国はまた次のようにたとえられる。

ある人が旅行に出かけるとき、僕《しもべ》たちを呼んで、自分の財産を預けた。それぞれの力に応じて、一人には五タラントン、一人には二タラントン、もう一人には一タラントンを預けて旅に出かけた。早速、五タラントン預かった者は出て行き、それで商売をして、他に五タラントンを儲けた。同じように、二タラントン預かった者も、他に二タラントンを儲けた。

しかし、一タラントン預かった者は、出て行って穴を掘り、主人の金を隠しておいた。さて、かなり日がたってから、僕《しもべ》たちの主人が帰って来て、彼らと清算を始めた」とあります。

清算の結果はどうなったのか。預かった物を倍にした2人の僕《しもべ》は、主人からほめられたが、1タラントンを穴に埋めて保管していた僕《しもべ》は、役立たずとひどく叱られて、暗闇に追い出された。

どうしてこんなに主人の怒りを買ったのかというと、1タラントンの僕《しもべ》は主人がとても厳しい人だから、失敗をするとどれほど怒られるだろうかとおびえて、結局何もしなかったからです。

神様はその人の力に応じて、お金を預けるのよ。だから人間は神様の信頼と期待に応えて、いただいたものを管理し、運用しなければならないんです。それを、1タラントンの僕《しもべ》は、神を恐れるだけで何もしなかったから、神の信頼を失ったわけです。「『タラントン』のたとえ」が教えるように、私たちはこの世界を管理するように神様から預かったんです。

預かった物を神の愛を中心に管理し、配分しなければならないんです。

イエス様はお金儲けが悪いとは言っていません。お金を稼ぎ、それを正しく運用し、それを正しく配分しなさいと言っているのです。

たとえばアリストテレスが唱え、キリスト教のスコラ哲学に取り入れられた言葉で、配分的正義というものがあります。

私たちが労働の代償として手に入れたお金でも、親や友人からもらったお金でも、それは大きな意味で考えると、神様からいただいたものです。何のためにそのお金を神は私たちに与えたのか？

個人が贅沢するためでも、他の人に富を誇るためでもなく、社会をよくするためにそのお金を自分たちで管理して使いなさいよとゆだねられたのでしょう。

地球の環境をよくするため、自力ではどうしても生活できない弱者を支えるため、衛生的な社会を作るため、天災や流行病を防ぐため、人間が少しでも幸せに生きていくための社会作りに使うように預かったんです。

この世界に流通しているお金は、誰か個人のもの、一つの企業のもの、一国のものではなく、みんなの共通のもの。それを分け隔てなく平等に配っていくことが配分的正義です。

お金は平等に人に配分しないと、けんかが起こる。けんかが生じると、しまいに国が成り立たないんです。分裂が起こると、そこに愛が欠如する。愛の欠如は、神の不在になる。神の不在は闇。闇の中で生活するのは、恐ろしいよ。こわいよ。

だから、神の愛に基づく社会作りを目指さなければならない。そのためには、一人ひとりがもう一度、キリストの弟子のパウロの書簡を思い返さなければならないね。

あなたをほかの者たちよりも、優れた者としたのは、
だれです。
いったいあなたの持っているもので、いただかなかったものがあるでしょうか。もしいただいたのなら、なぜいただかなかったような顔をして高ぶるのですか。

コリントの信徒への手紙 一
4章 7節

宴会にはお返しのできない人を招きなさい

キリスト教というと「隣人愛」と結びつけられるけれど、隣人って誰だと思いますか?

隣人とは、隣に住んでいる人や学校や職場で隣に座っている人だけだと思うかもしれないけれど、違うんです。

まったく見知らぬ人こそ、あなたが関わるべき友人だよ、とイエスは言っているんです。

「善いサマリア人」(ルカによる福音書　10章25~37節)という話が聖書にあります。有名な話なので、みなさんも聞いたことあるかもしれません。

「ある人がエルサレムからエリコへ下って行く途中、追いはぎに襲われた。追いはぎはその人の服をはぎ取り、殴りつけ、半殺しにしたまま立ち去った。ある祭司がたまたまその道を下って来たが、その人を見ると、道の向こう側を通って行った。

同じように、レビ人《びと》もその場所にやって来たが、その人を見ると、道の向こう側を通って行った。

ところが、旅をしていたあるサマリア人は、そばに来ると、その人を見て憐《あわ》れに思い、近寄って傷に油とぶどう酒を注ぎ、包帯をして、自分のろばに乗せ、宿屋に連れて行って介抱した。

そして、翌日になると、デナリオン銀貨二枚を取り出し、宿屋の主人に渡して言った。

『この人を介抱してください。費用がもっとかかったら、帰りがけに払います』」

このエピソードを話した後、イエスはこう尋ねるんですね。

「さて、あなたはこの三人の中で、だれが追いはぎに襲われた人の隣人になったと思うか」

答えはおわかりの通り、サマリア人ですよね。ここで注目されるのは、サマリア人とは、イスラエルの人にとって、どういう存在だったのかということです。

サマリア人とは、イスラエル人とアッシリアからサマリアに来た移民との間に生まれた人々で、宗教的にも、正当なユダヤ教から外れたサマリア教を信じているとして、迫害されていた人々です。

イスラエル人は、彼らを見下し、友人にもならないし、関わりももたないようにしていました。

追いはぎに襲われた人のそばを、ユダヤ教の指導者や同じイスラエルの仲間のレビ人が通りかかったにもかかわらず、彼らは見て見ぬふりをして通り過ぎました。

ただ一人、立ち止まり親身になって助けてくれたのが、サマリア人でした。

サマリア人に助けられるということは、ユダヤ人にとってとても屈辱的なこと。そして、サマリア人もそれを知っているから、助けたところで感謝もされないし、人によってはほっておいてくれ、と嫌がられることは覚悟の上での行動です。

サマリア人は、自分の親兄弟でも身内でもなく、自分を軽蔑している相手を助けたわけです。

聖書でいう隣人とは身内ではないんです。身内かよく知っている人と思いがちだけれど、まったく見知らぬ人こそ、隣人であるとイエス様は言っているんです。

ユダヤ人が隣人を、自分の身内や友人としてしか見ていなかったことをイエス様は非難したんです。

友人だから助ける、知人だから助ける、身内だから助けるという条件付きのものは隣人愛とはいわない。隣人愛は無条件で無償の愛です。

無償の愛というのが大切ですね。人間は何かしてもらったから、お返しをする。昔助けられたから助ける。また逆に助けてあげたから、今度は助けてもらうといいますね。これは愛ではないよ。取引だよ。

でもイエス様は、人間はすべてを神様からただでもらったんだから、ただであげなさい、ただでもらったんだから、ただで返しなさいと。

そこには下心がないんです。計算がないんです。聖書ではもっとはっきり、極論を言っているよ。

昼食や夕食の会を催すときには、友人も、兄弟も、親類も、近所の金持ちも呼んではならない。その人たちも、あなたを招いてお返しをするかも知れないからである。宴会を催すときには、むしろ、貧しい人、体の不自由な人、足の不自由な人、目の見えない人を招きなさい。そうすれば、その人たちはお返しができないから、あなたは幸いだ。

ルカによる福音書
14章 12〜14節

故郷のコンゴ民主共和国のこと

アフリカ大陸は人類の発祥の地として知られています。ローマ帝国時代から近代産業革命時代まで、この大陸は様々なイメージで描かれています。かつて15世紀から始まったヨーロッパ人の大航海時代に、アフリカ大陸にもたらされた奴隷三角貿易は誰にでも知られていることです。

19世紀に入ると、産業革命に伴ってアフリカ大陸は植民地化とともに、ヨーロッパ宗主国に資源を供給する地帯とみなされました。

20世紀後半になってから、様々な国が次々独立を果たしてきました。

この間に世界中に伝わってきたアフリカのイメージは、長い間、欧米で作られてきたイメージだけでした。単なる欧米の企業に天然資源を送り出すだけの、魅力のない、発展する可能性がない遅れた地域と思わされていました。

最近は世界各地で、経済界で、アフリカの資源、自然、若い人口、家族の連帯性などといったことやアフリカが持つ11億の人口から「希望の大陸」と言われるようにもなりました。

しかしグローバル自由貿易が進むと同時

に、アフリカの資源を欧米社会だけでなく、アジアや南米などにも貿易関係を広げようとする争いが絶え間なく続いています。

最近のコンゴ民主共和国だけを見てみると、紛争が絶え間なく至る所で発生しています。一言で言いますと、これは全部資源がらみの紛争です。宇宙開発、コンピューター医療器具、携帯電話、ハイブリッド車などといったＩＴ関連技術を発展すればするほど、コンゴの希少金属の必要性も高くなり、紛争を巻き起こす原因ともなりました。それは、私たちの日常生活と密接な関わりがあります。

ここであらためて、コンゴ民主共和国の地形と気候、資源と人口、言語などについてお話しさせてください。すごく広い国で、周囲9カ国に囲まれています。日本の6倍の面積で、植民地時代の宗主国・ベルギーの約76倍です。

54カ国で構成されるアフリカ大陸の一番中心部にコンゴは位置しています。他のアフリカ諸国に比べると、アルジェリアに次ぐ2番目の広さです。人口は4番目です。ある意味で、ナイジェリア、コンゴ、南アフリカが発展したらアフリカ全体は安定するのです。これが、本当のアフリカを知ることでもあるのです。コンゴはそれほど暑くなく、寒くもなく本当に暮らしやすく、水と緑に富んだ国で、鉱物資源に恵まれた場所です。

コンゴはキリスト教徒が一番多く、人口

の80パーセントを占めています。その他イスラム教徒や伝統宗教や無宗教の人がいます。

最近アフリカ大陸に関して、絶え間ない紛争、疫病、エボラ出血熱の脅威、またISが勢力を拡大していることによって起こる悲惨な事件など、不幸な報道が多くされています。ここ数年、年に1回、コンゴの首都、キンシャサにあるカトリック系の大学で日本の伝統文化についての講義に行っています。けれども、帰るたびに、いつも考えさせられるのは、どうして、アフリカ大陸で殺戮《さつりく》、貧困、絶え間ない疫病の流行が起こっているのかということ。

多くの誤解にもとづいたイメージでアフリカが取り上げられている限りは、この大陸に住んでいる人たちの人権を守り、あるいは経済的な問題に真剣に取り組むことはできないと思います。

たとえば、紛争以外にも疫病がありますが、最近はエボラ出血熱の発症がありました。なぜエボラ出血熱がアフリカ大陸にあるのか。それは、タンパク源を求めて、コウモリや猿を食べているからなのです。家畜などの肉を入手できない貧しい人は、コウモリや猿を食べて病気になるのです。ですからその事実を、まずどのように取り上げるのかが重要なのです。

アフリカは一括りにはできない

さて、すでに説明したように、アフリカ

は54カ国からなる大陸です。あたかもアフリカは一つの国のように思われていますが、一括りにはできません。それぞれの国の文化、民族、言語、習慣、宗教などが違います。確かに紛争地域があり、不衛生な所もありますが、平和で暮らしやすい町もたくさんあります。

アフリカ大陸に対するマイナスイメージの原因のひとつは、西洋が作った偏見によるものです。19世紀に現れた民族学、文化人類学者は、アフリカ大陸を「世界史の一部ではない」と結論づけた。「黒人は劣等人種で、歴史なき人々だ」と説いたのです。

キリスト教の宣教師たちですら旧約聖書の創世記をひもといて、「黒人は神が呪ったハム人の子孫である」と言ったのです。

このような人を人として扱わない偏見に満ちた考え方が、西欧の植民地主義、奴隷売買を増長させたことは確かだね。このような見方は、現在まで続き、国際メディアのアフリカ大陸報道に大きな影響を与えています。

その背景には、グローバル化を推し進めようとする先進国の経済、政治、地政学的政策が隠されています。それがアフリカ各国に起こる様々な混乱の原因になっています。

コンゴ以外のアフリカの他の国、ナイジェリアをはじめ、カメルーン、チャドなどといった国で、ボコハラムというイスラム過激派の集団が活動しています。なぜ彼らのような過激派が存在するのでしょうか？

極端な貧富の格差の中で取り残された人たちが、実は、彼らのようなイスラム教徒を使って貧富の差を作り出す側に復讐をしている、これが現実なのです。食べ物と平和、正義の関係は実に密接に結びついている。

私はコンゴのこと、「何でもあるけれど何にも持ってない国」と言うんだけれど、確かにコンゴは豊富な天然資源を持っています。しかしその恩恵は、資本のたくさんある先進国の国際企業とアフリカ社会のひとにぎりの人々にだけもたらされています。一般の国民はみんな何も持っていません。貧しい生活を強いられています。これは矛盾ですね。豊富な天然資源は現地の貧しい人たちの生活に役立てられてないのです。

彼らは欧米諸国や他の先進国に対して反発し、そして抵抗勢力を作り、罪のない人たちを紛争に巻き込んで殺害させてます。まったく愚かな方法ですが、彼らはそうすることによって、世界に自分たちの叫びを示し、自分たちの存在を世界に認めさせようとしています。「彼らのその戦いに邪魔になる者は誰であれ、殺さねばならない」。

最近、手に入れたリサ・J・シャノンさんの著書『私は、走ろうと決めた。「世界最悪の地」の女性たちとの挑戦』（英治出版）を読んでいくと、彼女は、紛争地のひどい現実に目を向けて立ち向かいながらも、現地の若者の声を響かせています。「僕はコンゴ愛国者なんだ。僕はこの国を愛している」。

私は東京で、海外宣教者を支援する会の

会長を務めていたけれど、事務所にはアフリカ、南米、東南アジアなどでイエス・キリストの福音を伝えようと様々な活動をしている日本人のシスターや神父、信徒からの報告が毎日のように届いています。

たとえば、地域住民と働いていたシスターや、現地のゲリラ組織に監禁された経験のある人たち、命の危険にさらされながら、今もなお元気に明るく働いています。彼らが健康のため一時帰国したときなど、事務所に来てくれて話を聞かせてくれるんだけれど、彼らは銃を突きつけられた話でもおもしろく明るく話したりします。

そんな彼女たちが必ず口にするのは、「早くアフリカに帰りたい！」という言葉。

コンゴ出身の私は、この言葉に本当に勇気づけられ、励まされます。彼女たちは本当に現地の生活に溶け込んでいます。彼らの働きを見ていると、ああ、神様から教わった人への愛、人を大切にして生きているということが、彼らの顔に映るんです。すごくうれしくなるんです。

V

人のためこそ 自分のため

ほめられたい！ を捨てると自由になる

この考え方、普通じゃないんです。ここに無償の愛があります。あなたが用意するささやかな食事を喜んで食べてくれるおなかをすかせた人がいる。ただ黙々と食べて、飢えをしのぐ。特別「ありがとう」とも「感謝します」とも、言ってくれなくてもいい。

ただ目の前で、自分が用意した食べ物で、生き延びる命がある。そのことが深い感動と喜びを与えてくれるのです。

私はいろいろなことをやって、いろいろな人に出会いますが、私はほめられたくない。ぜんぜんほめられたくないんです。

人を助けたり、慈善事業を行ったりするとき、人々からほめられたいという気持ちや動機付けなどはないように、自分自身を育んできました。

ほめられたいという気持ちは仏教的に言うと執着です。執着を捨てれば誰でもすごく楽になって、自由になれます。

また執着を捨てるということは、自分を捨てることです。イエス様も言っています。自分（イエス）に従うものは、自分を捨ててこそ永遠に生きる喜びがあると。

自己中心的になっているとき、世界があなたのまわりを回っていると思っている。だけど、世界は私のまわりを回っていることはないよ。私とは、何億人いる人間のたった一人にすぎない。

確かに神様から生命をいただいた大切な一人だけれど、特別えらいわけではない。自分だけ価値あるものというわけではない。

他の人も同じように価値のある存在だから、あまり自分に執着がありすぎると、悩みも増えます。

イエス様は言っています。自分を捨ててこそ自分が新たに生まれる、自分が生かされると。

イエスよ
私をお救いください
愛されたいという欲望から
ほめられたいという欲望から
名誉を得たいという欲望から
賞賛されたいという欲望から
人より好かれたいという欲望から
相談されたいという欲望から

マザー・テレサの祈り

世は不公平、人は不完全。だから支え合う

学生があるとき、鋭い質問をしてきました。

「この世の中は不公平である。ある人は豊かに暮らし、ある人は貧しい。またある人は体が丈夫で頭がよい。ある人は生まれつき体が弱く、頭脳に欠陥がある。それを見て、神も仏もないと思うのは、当然なんですが、どう考えますか？」

「それは、違うよ。神様は存在し、私たちを通して働こうとしているよ」と私は答えました。

どんなに頭がよい人でも全知全能ではない。どんなにお金持ちであっても、そのお金が一瞬でなくなることがある。

私たち人間は、みんな不完全な存在。自分の足りない部分を他の人の力をも

らって補うように造られていると思う。

苦しい生活を強いられた人たちは、そのことをよく知っている。イエス様の生きていたユダヤの世界では、ずっと大変な歴史が続いてきたから、自然に助け合うような共同体ができていました。だから、イエス様が十字架につけられて亡くなった後の弟子たちで作った教会では、貧しい人たち、力のない人たちが安心して生活できるようにする知恵がたくさんあった。

それぞれの信徒の収入の10分の1を教会に献金するというきまりも、もともとは、貧しい、困っている人たちの生活を支えるためだったんです。

最初はそのシステムをみなが理解し、協力してうまくいっていたのだけれど、人数が増え、いろいろな考えの人が集まってくるとうまくいかなくなる。そのことについて、聖パウロというイエスの弟子はコリントの教会の信徒に怒って手紙を書いている。

「一緒に集まっても、主の晩餐を食べることにならないのです。なぜなら、食事のとき各自が勝手に自分の分を食べてしまい、空腹の者がいるかと思えば、酔っている者もいるという始末だからです」
（コリントの信徒への手紙一　11章20〜21節）

私は、どうしてパウロが怒ったのか考えました。神様に祈りを捧げるために、教会に集まっても金持ちは贅沢でおいしそうな食べ物を持ってきて、その人たちだけで、かたまり、楽しく食事している。そして貧しい人は持ってくる食べ物がないから、それを寂しそうにみじめな気持ちで見ている。本来の教えだと、みんな自分の食べ物を持ってきて、集めて、人数分で分ける配分的正義が行われるべきでしょう。それができないで、自分たちだけでおいしい食事をし、それを周囲に分けることができない狭い気持ちに、パウロは怒ったんですよ。

当時のユダヤ社会の弱者といえば、お年寄りや異邦人の女性ややもめ。やもめというのは未亡人のことです。

ユダヤの伝統の中では、ご主人が亡くなったとき、奥さんが元気であれば、ご主人の兄弟かおじさんと再婚させて、一族で生活を支える仕組みだったけれど、それができない人もいた。

異邦人とか、外国からの居留民、身内がいないから一人になったとき、誰も面倒をみてくれない。そうなると、その人は身を売るか、物乞いをするほか、生活の手段がないわけです。そういう人が教会にやってくると、初代教会の信徒たちは、イエス様の教え通り、その人をとことん面倒みました。

子供がいなければ、死ぬまで面倒をみてあげる。そういうときの資金に、信徒からの10分の1献金は使われていたんです。

そういう伝統が、いまだに現代の教会の中に残っている。

しかし最近、この伝統が薄れてきているのは、近代の西洋教会が受けてきた世俗の価値観が、そのまま他の国の教会に移植されてきたからではないかと思われます。

教会の建物は神様がいらっしゃるところだから、神聖で美しく整っていなければならない。信徒たちは、その中で日常の煩わしさを忘れて、祈りを捧げるところ。神に祈りを捧げて、一時清らかな気持ちになって、再び、日常に帰っていくところ、そういう信仰になってしまったんじゃないかと。

教会は日常とお祈りを結びつける場であるはずなのに、現実の生活を見ると、信仰と生活の遊離、祈りと社会との遊離などの「遊離」が起こってしまって残念です。

どんな貪欲にも注意を払い、用心しなさい。
有り余るほど物を持っていても、
人の命は財産によってどうすることもできないからである。

ルカによる福音書
12章 15節

他人のための祈りは聞き入れられるよ

でも信仰とは、もっともっと生活に根ざしたものだと思うね。信仰共同体は生活共同体でもあるわけ。

２０１６年、ローマ・カトリック教会の本部、バチカンから聖人と認められた、マザー・テレサは、貧しい人たちの中に身ひとつで飛び込んでいって、その人たちを助け、その人たちの友として生涯を捧げたね。

私の大好きな聖女です。私もマザー・テレサのようにいろいろやりたい。世界の一番大変なところで、人々を助けたいと思う気持ち、あるんだけれど、私は、この日本でまさに置かれたところで助けたいと決意しました。

目を開けて、現実を見れば、たくさんの人が声にならない声をあげています。「助けてください」「私の話を聞いてください」。まさに、神様からの電話だよ。

日本の人は、特に、大都市で生活している人は、世間体とか名誉とかを重んじるから、「私、困っているんです」「お米ないんです」をなかなか口に出して言えない。だけど、よく目を開けてみればわかる。すぐわかる。ある種の勘か、神様からのメッセージか。

あるとき、一人の女性が教会を訪ねてきました。外見は立派な格好をしているから、まったく生活に困っているとは見えなかった。でも、私、ピンときたね。この人、今日、家族に食事を与えられないほど困っていると。

それで、私、お財布の中のお金すべてはたいて、持って行かせた。「私には養う家族はありませんから、子供さんのために食料品を買いに行ってください」。最初、「いりません」と断っていた。たちまち涙を流して、子供を抱きながら下向きに泣き続けた。そうしたら、後でわかったことには、お金がすべてなくなり、ご飯も満足に食べられてなかった。

このように、追い詰められた人々が、平気を装って生きているのが東京という大都市です。しかし、彼らは一杯の味噌汁、一個のおにぎりに救われて、もう一度、生きてみようと思うこともあるのです。

私がその人に個人的にあげられるお金なんて、ほんのわずか。でもお金と共に、私は神様に祈ります。どうぞこの人が立ち上がって生きていけるように、力を与えてくださいと。必ず聞き入れられるよ。他者のために、真剣に祈る祈りは。

神を信じなさい。
はっきり言っておく。だれでもこの山に向かい、「立ち上がって、海に飛び込め」と言い、少しも疑わず、自分の言うとおりになると信じるならば、そのとおりになる。
だから、言っておく。祈り求めるものはすべて既に得られたと信じなさい。そうすれば、そのとおりになる。

マルコによる福音書
11章 22〜24節

ゆるせる人になりましょう

キリスト教の教えの中で一番難しいのは、〈ゆるす〉ことだと感じていませんか。確かに、今の人、よく言うよ。「ゆるせなーい」って。「絶対、絶対、ゆるせない」と。

なんでそんなに怒っているのか、ゆるせないのか、聞いてみると、若い人だったら、彼氏か、彼女が自分に黙って、他の友人たちと飲みに行ったとか、遊びに行ったとか。

でも、ちょっと考えてみるとね。神様は、人間の犯した罪をすべてゆるしてくれるのに、人間は些細なことですぐ怒り、相手を絶対ゆるせないというのはおかしいね。

私は、「ゆるし」についてよく考えるようになりました。「ゆるし」というのは、キリスト教の専売特許だと思われているようです。そして、何でもかんでもゆるしている宗教はつまらないのではないかとも言われました。

またある仏教のお坊さんの本に、こんなことを書いていたのを思い出します。「キリスト教徒はよくゆるしてあげなさい。ゆるしなさい」と言うけれど、この言葉を聞くと、ぞっとすると。「ゆるすという場合、その前提として、自分が正しくて、相手が悪い、ということがある。私は何も悪いことをしていないのに、相手が私に被害をもたらした。だけど、愛からあなたをゆるしてあげましょう、という上から目線がぷんぷんする」と。

その人は、次にこんな風に考えています。

「だけど、何かトラブルや被害に遭ったとき、相手が100パーセント悪くて、自分にはまったく悪いところがない、ということはあるだろうか。

少なくとも、相手に自分に対する怒りや攻撃を起こさせる何かが自分の中にあったのではないか」と。

私もこのお坊さんの言うことはよくわかります。まず、何をゆるすかといって、自分の心の中の弱さ、ずるさ、狭さを認め、それを神に告白する。そして、こんな自分でも愛してくださっている、とことん愛してくださっている神に心を向けることが一番です。つまり、まず嫌だな、気にくわないなと思う自分の弱さを自分でゆるし、和解することが大切なんです。

一度、自分の中の闇に気づき、それを神からゆるされた人は、必ず寛大になります。誰かが自分を傷つけるようなことがあってもすぐに、ゆるせない！と叫ばないのです。

私も同じようなことをした、同じような傾向が自分の中にあるとわかると、相手に対して、共感する感情が生まれてきます。

「あいつがこんなことをした気持ちがわかる。あいつも辛かったんだ。ゆるそう」。そして、「今度はこんなことをしないように話し合おう」と思うようになります。

「主よ、兄弟がわたしに対して罪を犯したなら、何回赦すべきでしょうか。七回までですか」

イエスは言われた。

「あなたに言っておく。七回どころか七の七十倍までも赦しなさい」

マタイによる福音書
18章 21～22節

「まあ、しゃあないわ」に学ぶこと

罪というのは、相手の心をさぐって見つけ出すものではありません。自分の内面に目を向けて、自分で気づくものです。私自身の心を調べて見いだした罪を勇気を持って認めなければなりません。自分の罪を認めるのはすごく難しいことです。ためしにアダムとエバの時代にタイムトラベルしてみましょう。

天地を創造された主なる神様は、土の塵から人を造り、命の息をその鼻にふき入れた。そうして、生きた人となり、それをエデンの園においた。

神は「人が一人でいるのはよくないから、彼にふさわしい助け手を造ろう」と言って、彼のあばら骨1本から一人の女を造った。

アダムとエバの誕生ですね。アダムは、はじめに神から、園の真ん中にある善悪を知る木から、実をとって食べてはいけないと言われましたが、あるときエバと二人でこの木の実を食べてしまった。神はそのことを知り、アダムにまず尋ねます。

「なんで食べるなと命じておいた木から、実を取って食べたのか？」と。アダムは「私と一緒にしてくださったあの女が取ってくれたので、私は食べたんです」。

神は女に、「なんてことをしたのか？」と尋ねると、女は、「蛇にだまされた」と弁解します。

誰一人として、「はい、あなたの命令にそむいて、もうしわけありません。ごめんなさい」とあやまらないで、他のもののせいにしています。

人間は誕生のときからずっと、自分の罪を認めることが難しい存在だと思います。

よくよく考えると、私たちもアダムとエバのように何か失敗すると、まず、誰かのせいにしようとしてませんか。その話をしたら、ある人が言った。

まあ、人類の祖がそうなんだから、私たちにもその傾向があるってことだね。

ひょっとして、これがキリスト教でよくいう原罪か？　と。そうかもしれません。私たちは、自分を防衛するために、ついつい人のせいにする生き物なんです。

だからこそ、神に祈るのです。

「わたしたちの罪をおゆるしください。わたしたちも人をゆるします」と。逆に言うと、人の罪をゆるさない限り、私たちの罪もゆるしてもらえないんです。また、人の罪をゆるすことができるのは、自分の中の罪に気がついている人だけではないかと思います。本田神父さんが対談でとてもよい話をしてくださいました。

私が「釜ヶ崎では、ゆるしとはなんであるか？」と聞いた答えです。少し長いですが、私、とても感動したので、紹介させてもらいます。

本田　釜ヶ崎の痛みを知る労働者にとっての「赦し」とは、たとえば小便などに行っている間に、なけなしの着替えや食べ物を入れたバッグが無くなっていたりする。誰が持ち去ったか、だいたい見当が付くわけですが、「まあ、しゃあないわ」と言ってあきらめる。

これが、ここ釜ヶ崎での「赦し」なのです。「労働者のミサ」では、こう祈ります。「仲間どうし日々ぎりぎりの暮らしの今、貸し借りはあっても、返せない相手から無理に取り返すこともできず、赦してきました。どうかわたしたちの借り（罪）も赦してください」。

とことん何もないところでは、「まあ、いいや」なのです。（略）

そんな命がけのような状態で、「まあ、しゃあないわ」と、赦せる人たちが、たくさんいるのです。私が、わざわざ十字架を掲げて、「赦しあいましょう」なんて言う必要があるのかということですね。

（『福音の実り』　本田哲郎対談集　オリエンス宗教研究所）

ゆるしのもとにあるのは救いです。人を幸せにする一つの方法は、人が人をゆるせる心をもって生きることではないでしょうか。

自分一人でがんばらなくていい

いろいろなしがらみを捨てて、一人で自由に生きたらどんなに幸せかと考えることがあると話してくれた人がいます。私は、そうかなと疑問を投げかけました。

人間という漢字を見ると、人の間と書きますね。人は人として生まれ、人々の間でいろいろな関わりを持ちながら、人間になっていく存在。神様がそのように造られたのだと思います。

今ひとりぼっちの人も、友達や家族を失って孤独の人も、必ず父と母の間に生まれてきて育っているはずです。お母さんのおなかの中に子供は10カ月いるでしょう。母親は子供の命を養い、おなかに生命を抱えている満足感を覚える。子供は、母親に完全に依存してゆだねる体験をする。これ、本当に深い愛です。

この愛の「共歓」がとても大切なんです。人間は孤独では生きられない存在になるんです。

もう少し言えば、その人がこの世に生まれてくるとき、どんな状況であっても、必ず神様が命の息吹をふきかけ、誕生させているはず。この考え方は、キリスト教だけではありません。

神道も、目に見えない気の存在を認めています。「神様の息吹」を「気」と考えたらどうでしょうか？　気を落とすと人は人でなくなるといいます。

それは、創世記のアダムとエバの誕生における神様の気持ちと同じ。神様は最初の人間、アダムを自分の似姿として造ったとき、愛の息吹をふき入れたのです。神様は愛情をこめて人を造り、幸せになるようにとの願いを込めたのです。そして、人が一人でいるのはよくないと思い、エバを造り、二人で協力して、この世で楽しく喜んで生きていくようにしたのです。

これが神様の人間を造った意図です。だから、私たち人間は造り主の意図に反するようなことをしてはいけない。

神様の息吹を命としていただいているのですから、人の命は自分のものではなく、神に属しているのです。だから、いろんな理由があるでしょうが、むやみに自分の命を絶つことはできないのです。他人の命も敬わなければなりません。そして何より、幸せに喜んで生きる存在である者を意識すること、日常を通して他の人の助けと感謝によって新たな一歩を踏み出さなければならないんです。

そのためには、どうすればいいのか。簡単です。自分一人でがんばらないこと。なぜなら最初から人は共同体として造られたのですから共同体以外には世の中で生きることはできないからです。

人とつながることが一番大事です。人間一人では何もできないし、一人でいては、抱えている悩みや苦しみを解決できない存在だと認識することです。

神様に出会いたい、神の息吹を実感したいといって、人から離れ、世を捨て、洞窟にこもって隠遁者《いんとん》のように生きる人もいましたが、すべての人がその道に招かれているわけではありません。むしろ、イエスは、こう言っています。

どんな願い事であれ、あなたがたのうち二人が地上で心を一つにして求めるなら、わたしの天の父はそれをかなえてくださる。

二人または三人がわたしの名によって集まるところには、わたしもその中にいるのである。

マタイによる福音書
18章 19〜20節

心を込めて祈ればいいよ

苦しんでいることがあれば、「助けてください」と友達に話す。その友達と一緒に「神に助けてください」と、心を合わせて祈るならば、神は必ず、その願いを聞いてくれると言っています。キリスト教の信者たちは、誰かが苦しんでいるとき「お祈りします」と言います。この「お祈りします」を連発すると、口先だけで言っている、心がない、または、非科学的だと批判されますが、でも、イエス様が「心をこめて祈れば、必ず、天の父は願いを聞いてくれるよ」と言っているんだから、その言葉を信じちゃおうと私は思っている。

神様が最初にお造りになったのも、一人ではないのです。創世記にあるように、アダムとエバというように、男と女、カップルなんです。二人で協力して、神の声に聞き従う努力さえあれば十分です。この世の社会は、誰かがひとりぼっちになる場所ではなくて、力を合わせて働く共同体なのです。

一人でものを始め、最後まで一人だけで行う人はいないし、そういう事業は大きくなりません。優れたアイディアを持っている人が一人いたら、それを実行し、人に伝える仲間の働きがあって実現化されるものです。

人がなぜ造られたかというと、神がご自身の愛を分かち合うためです。それだけでなく、人と人が愛の絆を結んで生きていく姿を神はとても喜んでいるのです。

私たち人間の存在を神自身も必要とされている。だから、神の愛によって造られたすべての人は兄弟姉妹であり、神の前ではみな平等なのです。

だから、人が一人で悩み、苦しむ姿を見て、神様は心底苦しい思いをします。そして、その人の心の中の声を動かして、「～さんに相談しなさい」「～さんに力を借りなさい」と言います。繰り返しますが、人間は一人でがんばらなくてもいいんです。SOSを出し、助けて、HELP MEと言うことは正しいことなんです。必ず助けてくれる人がいますから。

神様がその人を通して、あなたを助けようとしているのですから、特に苦しいとき、特に悲しいとき、感情を抑えずに、隣にいる誰かにその思いをはき出してください。

誰もいなかったら、心の友がいなかったら、目に見えない神様にその思いをぶつけてください。

神様は、自分の愛する子供を私たち人類に送ってくださるほど、私たちを愛しているのですから。

神は、その独り子をお与えになったほどに、世を愛された。独り子を信じる者が一人も滅びないで、永遠の命を得るためである。

ヨハネによる福音書
3章 16節

今、ここで幸せになる

私はあなたに尋ねたいです。「あなたはいつ、幸せになりたいですか？」と。

そうすると多くの人は、こんな風に言います。「そりゃ、今すぐに幸せになりたいけど、無理だね。キリスト教では、天国に行かなきゃ、幸せにならないと教えているんでしょう？」と。

私は、強く、「ノー、ノー」と否定したい。

キリスト教に限らず、伝統的な宗教は、この現実世界で幸せに喜んで暮らすことよりも、死んでから後、天国で神様のもとで、安穏に生きることを求めているように見えるでしょう。

仏教だってそうですね。死後、極楽浄土に行くことを理想としている。それであるときには、この世で幸せに豊かに生活することを現世利益といって、見下す傾向にある。だけど、私はこの点に関して、疑問をもつね。いつ、幸せになるんですか？　と聞かれたら、テレビのコマーシャルじゃないけれど、「今でしょ！」と答えたいです。
その証拠に、イエス・キリストが弟子たちに教えた「主の祈り」、天におられるわたしたちの父よ、で始まるこの祈りは、キリスト教が今でも一番大切にする祈りで、世界中で唱えられています。

主の祈り
天におられるわたしたちの父よ、
み名が聖《せい》とされますように。
み国が来ますように。
みこころが天に行われるとおり、地にも行われますように。
わたしたちの日《ひ》ごとの糧を今日もお与えください。
わたしたちの罪をおゆるしください。わたしたちも人をゆるします。
わたしたちを誘惑におちいらせず。悪からお救いください。

この祈りの中に「わたしたちの日ごとの糧を今日もお与えください」とあります。この糧は、食べ物だけではありません。私たちの命を養う神のみ言葉なんです。今日、神のみ言葉を聞いて、幸せになろう、救いを今日いただこうというものです。人間は天国に行って初めて救われるのではなく、「今日」救われるものなのです。イエスは、人間の救いを後回しにせず、今日、人間を幸せにしようと活動したのです。

そして、この現実世界でラクに幸せに暮らすには、どうしたらよいか……をイエス様は教えてくれています。

それが、マタイによる福音書に書かれている「真福八端《しんぷくはったん》～真の幸せをもたらす八つの教え」です。

イエスが山に登り、そこで弟子たちに説教をしたことから、「山上の説教」とも言われています。真福八端は有名な言葉、「心の貧しい人々は、幸いである、天の国はその人たちのものである」で始まります。

①心の貧しい人々は、幸いである、天の国はその人たちのものである。
②悲しむ人々は、幸いである、その人たちは慰められる。
③柔和な人々は、幸いである、その人たちは地を受け継ぐ。
④義に飢え渇く人々は、幸いである、その人たちは満たされる。
⑤憐れみ深い人々は、幸いである、その人たちは憐れみを受ける。
⑥心の清い人々は、幸いである、その人たちは神を見る。
⑦平和を実現する人々は、幸いである、その人たちは神の子と呼ばれる。
⑧義のために迫害される人々は、幸いである、天の国はその人たちのものである。

わたしのためにののしられ、迫害され、身に覚えのないことであらゆる悪口を浴びせられるとき、あなたがたは幸いである。喜びなさい。大いに喜びなさい。天には大きな報いがある。あなたがたより前の預言者たちも、同じように迫害されたのである。

実は私たちは何も持っていないんです。お金も経済力も若さも健康も知力も腕力も。それらは一瞬にしてなくなることがあります。そのとき、神様にすがり、神様に祈れる人は幸いなんです。必ず神様が力を与えてくださるから。その方法が、キリスト信者であろうと、仏教徒であろうと、たとえ、神様のことを知らない、信じない人に対しても、同じです。「助けてください」と言葉にならない叫びを上げるとき、必ず助けはくるのです。

神様が誰かを使って、またある出来事を使って、電話をかけてくれます。そのときは、神様からのなぐさめや救いと思わなくても、あとになって、ああ、あれは神様からの電話だったと気がつくことがあるのです。

あとがき

真理子さんとの会話は半年で終わりました。もっともっと、いろいろなことを伝えたかったし、真理子さんの話も聞きたかったです。でも、私がアメリカに研究に行くことになったから一時お休みにしました。

最後に、真理子さんはこういう手紙をくださいました。


「マタタさんのお話で一番心に残っているのは、神様からの電話という話です。はっきり言って、キリスト教のことはまだよくわからないけれど、『毎日、あなたが出会う人、出来事は、みんな、神様からの電話なんだよ』ということを、信じてみようと思ったんです。

大変なことが起こることは変わりありません。5分おきに父に呼ばれて、ムカッとするのも変わりません。もう嫌だと感じることも同じ。でも、ああ、これが神様からの電話なんだと思うと、もう少しがんばってみようかなという気持ちになるんです。不思議です。

今まで、誰も私のことなど、気に留めていないのだと思っていたけれど、どこかで私を見ていてくれる存在がいるのだということは信じたいなと考えるようになったんです」

私はとてもうれしくなりました。私の話を一生懸命聞いてくださった真理子さんこそ、私にとっての、神様からの楽しい電話でした。

そして現在、アメリカの大学で研究しているのも神様からの電話なんです。トランプ大統領誕生の瞬間をアメリカで体験したのも、貴重な体験だったよ。ボストンでは、みんな最後の最後まで、クリントンの勝利を信じていた。私は、ボストンカレッジに近い一軒家を借りて、イエズス会の神父さんたちと共同生活をしていました。

リビングでみんなと一緒にテレビを見ていたんだけれど、なかなか決まらないし、最後はクリントンだというので、途中で自分の部屋に寝にいったんです。それでも、何か気になって、一時頃、テレビをつけたら、「トランプ当選」だったんです。

翌日の朝、ご飯のときはみんな沈痛な顔をして、会話がなかったのを覚えています。

ボストンの学者も学生もみんなヒラリー・クリントン支持だったので、その瞬間は言葉を失って、シーンと静まり返ったようでした。

その日、ハーバードで授業があったのですが、そのとき、女性の教授が「こんな悲惨な状況になってしまった」と涙を流すんです。最近、日本では見たことがなかった女性の涙を間近に見ました。

それともう一つ、考えさせられたことがあります。ボストンという大学都市のアメリカの神学者たちの宗教感覚が内向きなことです。

私は、日本の新宗教を紹介したんですが、何度もけなされました。

「あれは、独自性のないシンクレティズム（混合主義）だ」とか。

彼らは悪気があって言っているのではないんです。ただ関心がないんです。

はっきり私の指導教授に言われました。

「ここではプロテスタントかカトリックかということが重要であって、他には関心がない」と。

すべてキリスト教の価値観で判断するんです。だから、日本人に関してよく質問されました。

「宗教を持っていない日本人はどうやって生きているのか」と。

私はそのとき、すごく悔しい思いをした。キリスト教ではないけれど、日本人は昔からずっと、深い宗教観、倫理観を持って生きてきたと。

それと、ボストンの研究者のうちでは、神学がまず最初にあって、生きている人間が属している信仰共同体が重要です。価値観や倫理などが宗教と固く結ばれているからね。日本と比べてみるとそれは違うと思う。

まず生きている人間があり、生活の中で育まれた神への信仰があり、それは八百万の神です。人間が発する質問、疑問を信仰の目で答えるのが神学ではないかと。

アメリカの社会は、哲学者や神学者などが頭で考えた神を人間社会の現実に当てはめようとしている。日本とは逆ではないか。

まず、人間が大事なんです。頭のいい人たちが、頭の中で物を作り、宗教的倫理の体系を作っているけれど、現実はどうなんですかと聞きたいよ。

まあ、こんなことを考えさせられるのも、神様からの電話なのだと思います。

最後になりましたが、真理子さんと同じようにしんどい生活をしているかもしれないみなさんに、この聖書の言葉を贈りたいと思います。


神は真実な方です。

あなたがたを耐えられないような試練に遭わせることはなさらず、試練と共に、それに耐えられるよう、逃《のが》れる道をも備えていてくださいます。

コリントの信徒への手紙 一
10章 13節

〈著者プロフィール〉
ムケンゲシャイ・マタタ

1960年、コンゴ民主共和国生まれ。アウグスティヌス大学、サン・シプリアン神学大学卒業後、日本に赴任。上智大学卒業後、同大学大学院修了。修士論文は「現代の日本における救いの問題＝日本の宗教心から見たイエス・キリスト」。神道・仏教、日本人の死生観についても学ぶ。カトリック東京教区広報委員。1998年から2015年までオリエンス宗教研究所（世田谷区松原）所長。神道国際学会役員。著書（専門書）・論文多数。

装丁　石間淳
写真　疋田千里
協力　ゆうゆう企画
本文デザイン・ＤＴＰ　美創

明日《あす》を思いわずらうな
マタタ神父が教える　いま幸せになる方法

2017年12月20日　第1刷発行

著　者　ムケンゲシャイ・マタタ
発行人　見城 徹
編集人　福島広司

GENTOSHA

発行所　株式会社 幻冬舎
〒151-0051　東京都渋谷区千駄ヶ谷4-9-7
電話　03(5411)6211(編集)
03(5411)6222(営業)
振替　00120-8-767643
印刷・製本所　図書印刷株式会社

検印廃止

ISBN978-4-344-03230-9　C0095
幻冬舎ホームページアドレス　http://www.gentosha.co.jp/

この本に関するご意見・ご感想をメールでお寄せいただく場合は、
comment@gentosha.co.jpまで。